du même auteur

LE JOUAL DE TROIE (essai), Montréal, Éditions du Jour, 1973. Prix France-Québec 1974.

JACQUES FERRON, MALGRÉ LUI (essai), Montréal, Éditions Parti pris, 1978.

LE QUÉBEC PAR SES TEXTES LITTÉRAIRES (en collaboration avec Michel Le Bel), Montréal et Paris, Éditions France-Québec et Fernand Nathan, 1979.

POÈMES DE LA MORT — DE TUROLD À VILLON, Paris, 10/18 (Bibliothèque médiévale), 1979.

LE CHANT DE GILGAMESH, Montréal, VLB éditeur, 1979.

TRISTAN ET ISEUT, Montréal, Louise Courteau éditrice, 1982.

L'ANNEAU DE NIBELUNG DE WAGNER, Montréal, VLB éditeur, 1990.

PENSÉES, PASSIONS ET PROSES (essai), Montréal, Éditions de l'Hexagone, coll. « Essais littéraires », 1992.

TRIPTYQUE DES TEMPS PERDUS :

1. HYPATHIE OU LA FIN DES DIEUX, Montréal, Leméac, 1989.
   Prix Molson de l'Académie canadienne-française.
2. JÉRÔME OU DE LA TRADUCTION, Montréal, Leméac, 1990.
3. SIDOINE OU LA DERNIÈRE FÊTE, Montréal, Leméac, 1992.

DES NOUVELLES DE NOUVELLE-FRANCE, Montréal, Leméac, 1994.

FRACTIONS 1 (essais), Montréal, Éditions de l'Hexagone, coll. « Itinéraires/Carnets », 1966.

LA CHANSON
DE ROLAND

Version moderne en prose par
Jean Marcel

PCL/petite collection lanctôt

LANCTÔT ÉDITEUR
1660, avenue Ducharme
Outremont, Québec
H2V 1G7
Tél. : (514) 270.6303
Téléc. : (514) 273.9608

Illustration de la couverture :
« Roland nommé capitaine par le roi Charles. » Fin du XIIIᵉ
siècle. Coloration par Martine Doyon.

Mise en pages :
Folio infographie

Distribution :
Prologue
Tél. : (514) 434.0306 ou 1.800.363.2864
Téléc. : (514) 434.2627 ou 1.800.361.8088

Première édition : VLB éditeur, 1980

*À la mémoire de Robert Cliche,
puisque aux derniers jours de sa vie
il avait conçu une étrange prédilection
pour cette antique épopée.*

La présente version a été revue et corrigée à partir de celle qui parut en quarante livraisons (de novembre 1967 à janvier 1969) dans *L'INFORMATION MÉDICALE ET PARA-MÉDICALE* de Montréal.

Remerciements au docteur Lorraine Trempe qui en a autorisé la reproduction.

Présentation

C ette première œuvre complète composée entièrement dans notre langue fut du même coup son premier chef-d'œuvre. Elle a été vraisemblablement écrite autour de l'an 1100 dans la mouvance de la Normandie française et de l'Angleterre normande, ainsi que le révèle du moins le dialecte du plus ancien manuscrit qui nous la conserve, celui que l'on trouve encore aujourd'hui à la bibliothèque de l'Université d'Oxford.

Si la vigueur étonnante de sa conception est à vrai dire sans précédent, elle ne sera pas tout à fait sans descendance, car elle va bientôt donner lieu à un véritable genre que l'on appelle *chanson de geste* (le mot *geste* étant ici employé dans le sens d'exploit héroïque). Une centaine de chansons de geste ont ainsi été créées entre 1100 et 1300, mais aucune n'a l'ampleur, la force, l'art enfin de la *Chanson de Roland*.

Sa composition d'origine est en vers de dix pieds, groupés en unités de narration de longueur inégale appelées *laisses* et fondées sur l'assonance, qui est l'état primitif de la rime telle que nous l'entendons. Son auteur, un certain Turold qui se présente humblement à la dernière ligne de sa chanson, nous est par ailleurs tout à fait inconnu. Mais il n'est pas nécessaire que cet auteur ait pour nous d'identité précise ; il rejoint ainsi Homère et Shakespeare dans l'aréopage de ces génies sans visage qui ont laissé leur œuvre en guise de figure. Et c'est pour révéler toute la modernité d'une telle œuvre si vénérable qu'elle a été ici mise, sans façon, en prose d'aujourd'hui, la rendant du même coup accessible à un plus grand nombre de lecteurs.

Peut-on encore appeler *traduction* la transposition d'un état de la langue (ancien) à un autre (actuel) ? Voilà pourquoi j'ai préféré qualifier mon travail de version. Cela suppose que j'y ai quand même un peu mis la main, mais si peu...

JEAN MARCEL

1 Depuis sept ans déjà, le roi Charles, notre grand empereur, guerroyait en Espagne ; la Terre Hautaine, jusqu'à la mer, il l'a conquise ! Pas un château n'a su lui résister ; pas un mur, pas une cité qui soient restés intacts, sauf Saragosse, dressée sur une montagne. Le roi Marsile règne là. Il ne prise guère notre Dieu : c'est Mahomet qu'il sert, c'est Apollin qu'il prie. Mais il ne peut faire que le malheur ne l'atteigne.

2 Le roi Marsile est aujourd'hui dans Saragosse ; sous les ombres du verger il va, s'étend sur un perron de marbre bleu avec, autour de lui, sa cour de vingt mille hommes. Il en appelle à ses ducs, à ses comtes : « Sachez, seigneurs, quel fléau s'abat sur nous : l'empereur Charles de douce France en ce pays est venu nous confondre. Et je n'ai point d'armée qui lui puisse livrer la bataille, ni gent qui puisse vaincre la sienne. Conseillez-moi, mes hommes sages, et gardez-moi de la mort et de la honte. » Pas un païen ne répondit, sauf Blancandrin du château de Val-Fonde.

3 Parmi les païens, Blancandrin était des plus sages : chevalier de bonne vaillance et digne de conseiller son souverain. Au roi il dit : « Ne vous effrayez point ! À

Charles, le fier et l'orgueilleux, faites savoir que vous mettez à son service votre fidélité et toute votre amitié ; et que vous lui donnerez des ours et des lions, des chiens, sept cents chameaux et mille autours mués, cent mulets chargés d'or et d'argent et cinquante chars dont il fera son cortège. Il pourra bien ainsi payer tous ses soldats. Voilà nombre d'années qu'il met la guerre en ce pays : il serait temps qu'il se retire à Aix, en France. Faites-lui savoir que vous le rejoindrez là-bas, à la fête de saint Michel, et que vous recevrez là sa loi chrétienne et deviendrez son vassal en tout honneur et en tout bien. S'il exige des otages, vous lui en enverrez, ou dix ou vingt, pour le mettre en confiance. Envoyons-lui les fils de nos femmes. Dût-il y trouver la mort, j'y enverrai le mien. Mieux vaut que nos fils perdent la tête et que nous ne perdions pas, nous, notre honneur et notre dignité et que nous ne soyons pas réduits à la mendicité. »

4 Blancandrin ajouta : « Par ma main droite et cette barbe qui ondule sur ma poitrine, vous verrez aussitôt se défaire l'armée des Francs ; ils rentreront en France, leur royaume... Et quand chacun aura retrouvé sa terre chérie et que Charles aura regagné Aix et sa chapelle, pour la Saint-Michel, le roi tiendra une très haute fête. Puis le jour passera, l'échéance viendra, et il n'aura de nous aucun mot ni nouvelles. Le roi est fier, et son cœur est cruel : à tous les otages il fera trancher la tête, mais mieux vaut que nos fils perdent la tête, et que nous ne perdions pas, nous, la claire et belle Espagne, et que nous n'ayons plus ni fléau ni détresse. » Tous les païens l'approuvent : « Et qu'il en soit comme vous dites ! »

5 Le roi Marsile mit fin à son conseil. Mais il retint là Clarin de Balaguer, Estamarin et Eudropin son pair, et Priamon et Guarlan le barbu, et Machiner et Maheu son oncle, et Joüner et Malbien d'Outremer, et Blancandrin, son porte-parole. Voilà les dix qu'il retint là parmi les plus félons : « Seigneurs barons, vous vous rendrez auprès de Charlemagne : il est au siège de la cité de Cordres. Dans vos mains vous porterez des branches d'olivier, qui signifient la paix, l'humilité. Et si vous en venez à me réconcilier avec lui, dès votre retour, je vous donnerai de l'or, de l'argent et des terres et des domaines tant que vous en voudrez. » Et les païens approuvent : « Nous voilà bien comblés ! »

6 Le roi Marsile mit fin à son conseil. À ses hommes il dit : « Seigneurs, allez ! Dans vos mains portez les branches d'olivier. Et vous direz à Charlemagne le roi qu'il ait pitié de moi au nom de son Dieu ; et qu'il ne verra point passer ce premier mois que je ne l'aie rejoint avec mille de mes fidèles ; et que je recevrai la loi chrétienne et serai son vassal par amour et par foi. S'il veut des otages, il en aura. » Blancandrin dit : « C'est ainsi que vous en viendrez à vos fins. »

7 Le roi Marsile fit amener dix mulets blancs que lui avait donnés le roi de Suatille ; leurs freins sont d'or et leurs selles d'argent. Ils sont montés sur les mulets, les envoyés du roi ; ils portent dans leurs mains les branches d'olivier et vont vers Charles qui règne sur la France. Mais il ne peut faire qu'ils ne le trompent de quelque façon.

8 L'empereur s'est fait beau et joyeux : il a pris Cordres, détruit ses murailles et abattu ses tours à coups de pierrières. Ses chevaliers partagent entre eux un grand butin d'or, d'argent et d'armures précieuses. Pas un païen n'est demeuré dans la cité qui ne fût ou mort ou converti. L'empereur est dans un grand verger avec Roland et Olivier, le duc Samson et Anséis le fier, Geoffroi d'Anjou gonfalonier du roi ; et là se trouvent encore Gérin et Gérier et avec eux tant d'autres : de France ils sont bien quinze milliers. Sur des étoffes de soie blanches les chevaliers se sont assis : pour s'amuser un peu, les plus sages et les vieux jouent aux cartes et aux échecs ; les plus légers bacheliers se battent à l'épée. Sous un pin, près d'un églantier, un trône est dressé, taillé dans l'or massif : là est assis le roi régnant sur douce France. Sa barbe est blanche et sa stature est fière : qui le cherche n'a point besoin qu'on le lui désigne. Les messagers arrivent, descendent et le saluent par amitié, en toute bonne foi.

9 Blancandrin prend le premier la parole et dit au roi : « Au nom de Dieu le Glorieux que nous devons adorer, salut ! Entendez ce que vous mande le roi Marsile, le noble : il s'est enquis auprès des autres de la loi qui sauve. Aussi vous veut-il donner son bien : des ours et des lions et des vautres enchaînés ; sept cents chameaux et mille autours en mue ; quatre cents mulets troussés d'or et d'argent ; cinquante chars dont vous formerez un cortège et tant de besants d'or que vous pourrez bien en payer vos soldats. Depuis longtemps déjà vous portez la guerre en ce pays : vous devriez vous retirer en France, à Aix. Là, mon seigneur vous rejoindra, il l'a promis. »

L'empereur lève les mains vers Dieu, baisse la tête et se met à songer.

10 L'empereur tient toujours la tête inclinée. Sa parole jamais ne fut hâtive ; il ne parle qu'à loisir : tel le veut sa coutume. Quand enfin il se redresse, son visage est plein de lumière. Il dit aux messagers : « Vos propos sont très sages. Mais le roi Marsile est mon grand ennemi ; et comment être sûr des paroles que vous m'adressez ? » — « Des otages, répond le Sarrasin, vous en aurez ou dix ou quinze ou vingt, selon qu'il vous plaira. Dût-il même y mourir, j'y mets mon propre fils ; et vous en aurez d'autres et de plus nobles encore, je crois. Et puis, quand vous serez rentré en votre palais seigneurial, à la grande fête de saint Michel du Péril, là, mon seigneur vous rejoindra, il vous l'assure. Là, dans les eaux que Dieu fit pour vous, il se fera chrétien. » Charles répond : « Il en est encore temps ! »

11 Belle était la vêprée et le soleil fut clair. Vers les étables Charles fait reconduire les dix mulets, fait, au milieu du verger, dresser une tente où héberger les dix ambassadeurs, et détache à leur service douze de ses sergents. Là ils passent la nuit jusqu'à ce que le clair jour paraisse. Puis au matin, l'empereur s'est levé, a entendu messe et matines et s'en est allé dessous un pin ; là il convoque ses barons pour tenir son conseil : il ne veut bien régner que par l'avis de ceux de France.

12 L'empereur s'en va dessous un pin et pour tenir conseil mande là ses barons : le duc Ogier et

Turpin l'archevêque, Richard le Vieux et son neveu Henri,
et le preux comte de Gascogne Acelin, Thibaud de Reims
et son cousin Milon. Vinrent aussi Gérin et Gérier et avec
eux Roland le comte et Olivier le preux, le noble. Des
Francs de France, ils sont plus d'un millier. Et Ganelon y
vint aussi, qui fit la trahison. Dès lors commence le
conseil d'où vint une si grande infortune.

13 « Seigneurs barons, dit Charles l'empereur, le roi
Marsile m'a délégué ses messagers et désire me
donner une grande part de son bien : des ours et des lions,
et des vautres dressés, sept cents chameaux et mille
autours en mue et quatre cents mulets chargés d'or
d'Arabie. En échange de quoi, il veut que je me retire en
France ; plus tard, il me viendra rejoindre à Aix, en mon
palais, et là recevra notre loi de salut : il se fera chrétien
et de moi seul tiendra toutes ses terres. Mais je ne sais ce
qui se cache dans son cœur. » Les Français disent : « Il
nous faut prendre garde ! »

14 L'empereur découvrit sa pensée. Roland le comte
ne s'y accorde point, d'un bond se dresse et vient
y contredire. Au roi il dit : « Malheur à vous si vous en
croyez Marsile ! Voilà déjà sept ans entiers que nous
sommes en Espagne : pour vous j'ai pris Nobles et Com-
mibles ; j'ai pris Valterne et la terre de Pine, et Balaguer
et Tudèle et Sézille. C'est alors que Marsile nous a trahis
pour la première fois. De ses païens il en délégua quinze ;
chacun portait un rameau d'olivier et vous tint alors ces
mêmes propos. Vous prîtes avis auprès de vos Français
qui vous conseillèrent avec beaucoup de légèreté. Vous

envoyâtes donc vers le païen deux de vos comtes : l'un fut Basan et l'autre Basile. Dans la montagne d'Haltilie, on leur trancha la tête. Faites la guerre comme vous l'avez entreprise ! À Saragosse menez vite le ban de vos armées ; mettez le siège, jusqu'à la fin de votre vie s'il le faut ; et vengez enfin ceux que le traître a fait tuer jadis. »

15 Toujours l'empereur tient sa tête inclinée ; il caresse sa barbe et lisse ses moustaches. À son neveu il ne sait que répondre. Tous les Français se taisent, hormis Ganelon, qui se dresse d'un bond et s'avance devant Charles. Très fièrement, il découvre sa pensée en disant au roi : « Malheur à vous si vous en croyez ce jeune homme, ou moi-même ou un autre, qui ne voudrait pas d'abord votre bien ! Quand le roi Marsile vous assure qu'il joindra les mains pour devenir votre vassal et qu'il ne tiendra que de vous seul son droit sur l'Espagne et qu'il se soumettra de bon gré à la loi que nous gardons, celui-là qui vous conseille de rejeter ce marché, peu lui chaut, sire, de quelle mort nous devrons tous mourir ! Le conseil de l'orgueil n'a aucun droit ici. Laissons les fous avec les fous, et tenons-nous-en aux sages. »

16 Naimes alors s'avança : parmi la cour il n'y avait meilleur vassal. Au roi il dit : « Vous avez bien entendu ce que vous a dit Ganelon le comte : il y a là de la sagesse, il importe qu'il soit écouté. Le roi Marsile est déjà vaincu de guerre lasse : vous lui avez ravi tous ses châteaux ; de vos pierrières vous lui avez détruit ses murailles ; vous avez incendié ses cités et vaincu ses armées. Et quand il vous demande d'avoir pitié de lui, celui-là pécherait, qui voudrait le briser davantage. Et comme il veut encore vous donner des otages comme gage de ses paroles, vous ne devez plus poursuivre cette guerre plus longtemps. » Et les Français approuvent : « Le duc a bien parlé. »

17 « Mais qui donc, seigneurs barons, enverrons-nous à Saragosse auprès du roi Marsile ? » Naimes le duc répond : « J'irai, par votre grâce ! Donnez-moi sur l'heure le gant et le bâton. » Le roi répond : « Vous êtes un sage : par ma barbe et mes moustaches, jamais vous ne devez vous éloigner de moi. Rasseyez-vous puisque personne ne vous somme ! »

18 « Qui donc, seigneurs barons, pourrons-nous déléguer auprès du Sarrasin qui règne à Saragosse ? » Roland répond : « Je puis bien y aller, moi ! » « Vous n'irez certes pas, dit le comte Olivier, votre cœur est trop prompt et trop fier : je crains que vous n'alliez là-bas brouiller les jeux. Si le roi le veut bien, j'irai plutôt moi-même. » Le roi répond : « Silence, vous deux ! Ni vous ni lui n'y mettrez les pieds. Par cette barbe que vous voyez blanchir, malheur à celui qui voudrait envoyer là-bas l'un ou l'autre de mes douze pairs ! » Les Français gardent le silence et restent tout interdits.

19 Turpin de Reims se lève alors et dit au roi : « Laissez partir vos Francs ! Voilà sept ans déjà que vous portez la guerre en ce pays : ils ont connu plus d'une peine et plus d'une infortune. Donnez-moi, sire, le gant et le bâton, et j'irai, moi, vers le Sarrasin d'Espagne

Charles le crant se dorma a fontepe
son pere en france veputans senates

de tous les plus puissans qui ulle re
bellion faisoient.

pour connaître le fond de son cœur. » L'empereur irrité lui
répond : « Rasseyez-vous sur cette étoffe blanche, et
qu'on n'en parle plus, à moins que je ne vous le commande ! »

20 « Francs chevaliers, dit Charles l'empereur,
élisez-moi un baron de mes terres, à qui confier
ma mission auprès de Marsile. » Roland alors s'écria :
« Ce sera Ganelon, mon beau-père ! » Et les Français
approuvent : « C'est lui qui peut bien faire les choses. Si
vous ne l'acceptez pas, vous n'en trouverez pas de plus
sage. » Ganelon le comte en est fort angoissé. De ses
épaules il rejette ses grandes peaux de martre et se tient
ainsi debout dans son bliaut de soie. Ses yeux sont vairs
et son visage est fier ; son corps est noble et sa poitrine est
large : il est si beau que tous ses pairs le regardent. À
Roland il dit : « Mais tu es fou ! Pourquoi ainsi t'enrager
contre moi ? Chacun sait que je suis ton beau-père, et tu
voudrais m'envoyer chez Marsile ? Si Dieu me donne de
rentrer de là-bas, je te mettrai dans une infortune qui
pèsera sur toi jusqu'à la fin de tes jours ! » Roland
répond : « J'entends l'orgueil et la folie ! Chacun sait bien
que je n'ai cure de vos menaces. Seul un homme de
sagesse peut accomplir cette mission. Ah, si le roi le
voulait, comme j'irais à votre place ! »

21 Ganelon répond : « Tu n'iras pas à ma place ! Tu
n'es point mon vassal, et ne suis point le tien. Que
Charles commande que je fasse son service, et j'irai à
Saragosse auprès du roi Marsile. Mais sache bien que je
ne me sentirai pas allégé aussi longtemps que je n'aurai

pas apaisé ma grande colère. » Roland l'écoute et il se met à rire.

22 Quand Ganelon voit que Roland se moque de lui, il en conçoit tant de douleur qu'il vient près d'éclater de colère ; peu s'en faut qu'il n'en perde sa contenance. Au comte il dit : « Je ne vous aime point. Sur moi vous avez fait tomber ce sort injuste. Ô juste empereur, me voici devant vous, c'est votre volonté que je veux accomplir. »

23 « Ah, je sais bien qu'il me faudra me rendre à Saragosse, et que celui qui va là-bas n'en revient plus. Néanmoins, souvenez-vous que j'ai votre sœur pour épouse et que j'ai d'elle un fils, Baudouin, qui sera preux un jour. C'est à lui que je lègue mes honneurs et mes terres. Gardez-le bien, car jamais plus mes yeux ne le verront. » Charles répond : « Votre cœur est trop tendre ! Et puisque je vous le commande : allez sans plus tarder ! »

24 Et le roi ajouta : « Ganelon, approchez là devant moi et recevez le gant et le bâton. Vous avez bien entendu : les Francs vous ont choisi. » « Sire, dit Ganelon, c'est Roland qui a tout fait. Je ne l'aimerai plus de toute ma vie, ni Olivier qui est son compagnon. Et les douze pairs qui l'aiment tant, je les défie tous, sire, en votre présence ! » Sur ce, le roi lui dit : « Vous êtes trop irritable. Vous irez de toute façon puisque c'est moi qui vous le commande. » « J'y puis aller, certes, mais sans espoir de retour, tout comme Basan et son malheureux frère Basile. »

25 L'empereur alors lui tend le gant, celui de sa main droite. Mais à cet instant, Ganelon le comte eût préféré n'être pas là. Et quand il dut le prendre, il le jeta par terre. Et les Français s'exclament : « Dieu ! quel geste fait-il là ? De cette mission certainement nous viendra une grande infortune. » « Seigneur, dit Ganelon, vous en aurez de mes nouvelles. »

26 « Sire, ajoute Ganelon, accordez-moi votre congé. Puisque je dois aller là-bas, je n'ai que faire ici. » Et le roi dit : « Allez, par la grâce de Jésus et par la mienne. » De sa main droite il l'absout et le signe, puis lui délivre le bâton et le bref.

27 Ganelon le comte se retire ensuite dans sa tente, se pare de ses meilleures armures, fixe à ses talons ses éperons d'or, et à son flanc pose Murglies, son épée. Sur Tachebrun, son destrier, il monte cependant que Guinemer, son oncle, lui tend l'étrier. Là tant de chevaliers pleuraient, qui tous lui dirent : « Pitié sur vous ! Vous êtes de la cour depuis fort longtemps, et chacun vous tenait pour un noble vassal. Celui-là qui vous désigna pour aller là-bas, jamais plus de Charles ne sera protégé ni chéri. Roland le comte n'a pas dû se souvenir de quel très haut lignage vous étiez issu. » Puis, ils lui disent : « Sire, menez-nous avec vous ! » À quoi Ganelon répondit : « Ne plaise à Dieu ! Mieux vaut que je meure seul et que les bons chevaliers vivent. En douce France, seigneurs, vous rentrerez bientôt : saluez bien ma femme et Pinabel, mon ami et mon pair, et Baudoin mon fils que vous connaissez bien déjà. Aidez-le et tenez-le pour votre seigneur désormais. » Puis il se met en route : c'est ainsi qu'il est parti.

28 Or Ganelon chevauche sous de hauts oliviers ; il s'est joint aux dix messagers sarrasins. Blancandrin s'attarde à ses côtés : ils échangent entre eux des paroles de grand savoir. Blancandrin dit : « Charles est un homme merveilleux ! Il a conquis la Pouille et toute la Calabre ; il a traversé la mer salée jusqu'en Angleterre dont il a fait rendre le tribut à saint Pierre. Mais que peut-il bien vouloir de nous et de notre pays ? » Et Ganelon répond : « Ainsi va son cœur ! Et nul jamais ne prévaudra contre lui. »

29 Blancandrin dit : « Les Francs sont de très nobles gens. Mais ils font un grand tort à leur seigneur, ces ducs et ces comtes qui lui conseillent de prolonger cette guerre. » À quoi Ganelon lui répond : « Ce n'est vrai de personne, que je sache, sauf de Roland, qui devra bien payer un jour. Hier matin l'empereur était assis à l'ombre lorsque son neveu survint, vêtu de sa brogne : il rentrait des abords de Carcassonne et dans sa main tenait une pomme vermeille. " Tenez, beau sire, dit Roland à son oncle, de tous les rois je vous apporte les couronnes. " Son orgueil devra bien le confondre un jour, car chaque jour il s'expose à la mort. Et si quelqu'un le tuait, nous retrouverions la paix pour toujours. »

30 Et Blancandrin reprit : « Roland est bien odieux, qui veut réduire ainsi toutes les nations et mettre toutes les terres sous son commandement. Mais sur quelle

gent croit-il donc s'appuyer pour réaliser tant de rêves ? »
Ganelon dit : « Sur les Français ! Ils l'aiment tant que
jamais ils ne lui failliront. Et lui, leur donne beaucoup
d'or, d'argent, de mulets et de chevaux, d'étoffes de soie
et d'armures. À l'empereur même il se voue : il lui con-
querra bien un jour toute la terre, et jusqu'à l'Orient. »

31 Tant chevauchèrent ainsi Blancandrin et Ganelon
qu'ils se sont juré l'un à l'autre de chercher à
perdre Roland. Et tant chevauchèrent-ils ainsi par voies et
par chemins qu'à Saragosse enfin ils descendent sous un
if. Sous l'ombre d'un pin un trône est dressé, tendu de
soie d'Alexandrie. Là se tenait le roi qui règne sur
l'Espagne, avec autour de lui vingt mille Sarrasins : aucun
d'eux ne parle ni ne bavarde, et chacun veut bien entendre
les nouvelles. Voici qu'arrivent Ganelon et Blancandrin.

32 Blancandrin devant le roi s'avance ; il tient par le
bras le comte Ganelon et dit au roi : « Au nom de
Mahomet et d'Apollin de qui nous tenons notre loi, salut !
À Charles nous avons présenté votre message. Il a levé les
mains vers le ciel, loué son Dieu, mais n'a rien répondu.
Il vous envoie ici son très noble baron qui vient de France
et de haute lignée. Par lui apprendrez-vous si nous aurons
la paix ou non. » Marsile répond : « Qu'il parle, nous
l'écoutons ! »

33 Or Ganelon le comte y avait fort songé. Avec tout
son grand art, il se met à parler en homme qui
sait faire les choses. Au roi il dit : « Au nom de Dieu le
Glorieux que nous devons adorer, salut ! Voici ce que

vous mande Charlemagne le noble : recevez la sainte loi chrétienne, et il vous donnera la moitié de l'Espagne. Mais si vous refusez cette offre, vous serez pris de force et attaché ; au palais d'Aix vous serez reconduit et mourrez là de mort honteuse et vile. » Le roi Marsile en fut fort effrayé. Dans sa main il tenait un dard ciselé d'or dont il voulut frapper Ganelon ; mais on l'en empêcha.

34 Soudain le roi Marsile changea de couleur et brandit son dard par le pommeau. Quand Ganelon le voit, il met la main à son épée, la dégaine la longueur de deux doigts et lui confie ces mots : « Épée, que tu es belle et claire ! Je t'ai portée si longtemps à la cour quand j'étais auprès du roi ! L'empereur de France ne pourra jamais dire que je fus seul à mourir en terre étrangère : les plus forts auparavant devront se mesurer à toi. » Les païens disent : « Retenons la mêlée ! »

35 Or tant l'ont supplié les meilleurs Sarrasins que Marsile sur son trône s'est allé rasseoir. L'algalife lui dit : « Vous nous avez discrédités en voulant ainsi frapper ce Français. Il fallait d'abord l'écouter et l'entendre. » « Sire, lui dit Ganelon, je devais m'y attendre, mais je ne repartirai point, pour tout l'or que Dieu fit et tout l'avoir de ce pays, que je ne lui aie dit, si j'en ai le loisir, ce que le puissant roi Charles lui mande par moi comme à son mortel ennemi. » Ganelon est vêtu d'un manteau de zibeline couvert de soie d'Alexandrie ; il le rejette soudain par terre, et Blancandrin le ramasse. Il ne veut cependant quitter son épée : par le pommeau il la serre dans sa main droite. Les païens disent : « C'est un noble baron que voici ! »

36 Vers le roi, Ganelon s'est avancé et lui a dit : « C'est à grand tort que vous vous courroucez ainsi, car ce que vous mande Charles qui règne sur la France se réduit à ceci : recevez la loi des chrétiens, et il vous donnera la moitié de l'Espagne ; l'autre moitié, il la destine à son neveu Roland : vous aurez là un bien orgueilleux partenaire ! Et si vous refusez de vous rendre à cette offre, à Saragosse le roi viendra vous assiéger. Vous serez pris de force et attaché ; on vous mènera à Aix la cité, et vous n'aurez là ni palefroi, ni destrier, ni mule, ni mulet que vous puissiez monter ; vous serez jeté sur une bête de somme et par arrêt du roi vous aurez la tête tranchée. C'est notre empereur qui vous envoie ce bref. » De sa main droite il le présente au roi païen.

37 Marsile en rougit de colère. Il rompt le sceau, en décolle la cire, fait lecture du bref et voit bien ce qui y est écrit : « Charles qui règne sur la France me mande de me souvenir de sa douleur et de sa colère au sujet de Basan et de Basile à qui on a tranché la tête dans les montagnes de l'Haltilie ; et si je veux sauver ma vie, de lui envoyer mon oncle l'algalife, sans quoi jamais il ne me prisera. » Alors le fils de Marsile prit la parole ; au roi il dit : « Ganelon a parlé comme un insensé ! Il a tant dit qu'il ne mérite plus de vivre : livrez-le-moi, et je lui ferai justice. » Quand Ganelon l'entend, il brandit son épée et s'appuie sur un pin.

38 Dans le verger s'est retiré le roi ; avec lui il a mené ses meilleurs conseillers : Blancandrin le chauve y vint, et Jurfaret son fils et héritier, et l'algalife son oncle et conseiller. Blancandrin dit : « Faites venir le Français : il m'a promis sa collaboration. » Le roi donc ordonna : « Amenez-le vous-même ! » Blancandrin prend Ganelon par la main droite et le conduit à travers le verger jusqu'auprès du roi. C'est là qu'ils pourparlèrent en vue de l'horrible trahison.

39 « Ganelon, beau sire, lui dit Marsile, j'ai agi à la légère envers vous quand dans ma grande colère je faillis vous frapper. Je vous laisse en gage ces peaux de zibeline qui valent en or plus de cinq cents livres ; et avant demain soir je vous aurai fait une amende honorable. » Ganelon répond : « Je n'ose m'y soustraire. Que Dieu vous en sache gré, s'il lui plaît ! »

40 Alors Marsile lui dit : « Sachez, Ganelon, qu'en vérité j'ai beaucoup d'estime pour vous. J'aimerais bien vous entendre me parler de Charlemagne : il est bien vieux maintenant et achève ses jours ; à mon avis, il doit bien avoir deux cents ans et plus ! Il a déjà parcouru tant de terres et pris sur son bouclier tant de coups, réduit tant de rois à la mendicité : quand donc sera-t-il las de guerroyer ? » Ganelon répond : « Charles n'est pas tel que vous le croyez. Personne ne le voit et n'apprend à le connaître sans pouvoir dire à la fin : l'empereur est un noble ! Je ne saurais assez vous le vanter et le louer tant il y a d'honneur en lui, et de bonté. Et sa vaillance, qui donc pourrait la célébrer ? Dieu l'a fait resplendir d'une telle noblesse qu'il préférerait mourir plutôt que de faillir à la baronnerie. »

41 Le païen dit : « Je m'émerveille devant Charlemagne, vieilli et chauve, et qui a bien déjà deux cents ans passés ! Il a fatigué son corps par tant de terres, encaissé tant de coups de lance et d'épée, réduit tant de riches rois à la mendicité : quand donc sera-t-il las de guerroyer ? » « Jamais, dit Ganelon, du moins aussi longtemps que vivra son neveu. Il n'a pas son pareil sous la chape du ciel. Et c'est un preux aussi qu'Olivier, son compagnon. Les douze pairs que Charles aime tant forment son avant-garde avec vingt mille chevaliers. Charles va ainsi en toute sécurité : il n'a peur de personne. »

42 Le Sarrasin lui dit : « Je m'émerveille devant ce Charlemagne, chauve et tout blanc et qui a bien plus de deux cents ans ! Il est allé par tant de terres faire ses conquêtes, il a pris tant de coups de bonnes épées tranchantes, tué ou vaincu tant de riches rois : quand donc sera-t-il las de guerroyer ? » « Jamais, dit Ganelon, tant que vivra Roland ! Il n'y a meilleur vassal d'ici jusqu'en Orient. Et c'est un preux aussi qu'Olivier, son compagnon. Et les douze pairs que Charles aime tant forment son avant-garde avec leurs vingt milliers de Francs. C'est ainsi que va Charles, en toute sécurité : il n'a crainte d'homme qui vive. »

43 « Ganelon beau sire, dit Marsile le roi, j'ai une telle armée que vous n'en verrez jamais de plus belle : j'y puis bien avoir quatre cent mille chevaliers. Croyez-vous que je puisse avec elle combattre Charles et ses Français ? » Et Ganelon répond : « Vous n'y tiendriez pas ! Vous perdriez beaucoup de vos païens. Laissez là cette folie, et tenez-vous-en à la sagesse. Pas un Français ne résistera à la pensée des vingt otages que vous offrez : le roi s'en retournera en douce France et laissera son arrière-garde par derrière lui : il y aura là, je crois bien, le comte Roland son neveu et Olivier le preux, le courtois. Ils mourront, les comtes, si vous voulez m'en croire ! Et Charles verra tomber ainsi l'objet de son orgueil : il n'aura plus envie de vous porter la guerre. »

44 « Ganelon beau sire, dit Marsile le roi, comment donc pourrais-je faire périr Roland ? » Et Ganelon répond : « Je puis bien vous le dire : le roi se rendra aux meilleurs ports de Size ; il aura derrière lui laissé l'arrière-garde où sera le puissant comte Roland son neveu ainsi qu'Olivier en qui il met toute sa foi ; vingt mille Francs formeront leur compagnie. De vos païens envoyez-en cent mille : qu'ils leur livrent d'abord une bataille, l'armée de France y sera blessée et meurtrie. Mais je ne vous cache pas qu'il y aura aussi grande perte chez les vôtres. De la même façon livrez-leur une autre bataille : en l'une ou l'autre Roland finira bien par tomber. Vous aurez fait ainsi un grand acte de chevalerie. Et plus jamais de votre vie vous ne connaîtrez d'autres guerres. »

45 « Celui qui pourrait faire en sorte que Roland pérît ferait du même coup perdre à Charles le bras droit de son corps. Et c'en serait fait des armées invincibles ! Et Charles plus jamais n'aurait le courage de rassembler de nouveau de si grandes forces : la Terre des aïeux enfin connaîtrait le repos ! » Quand Marsile l'en-

tend, il lui saute au cou et l'embrasse. Puis les trésors commencèrent à affluer...

46 Marsile dit : « Un tel conseil n'est bon que si vous me jurez de trahir Roland. » Ganelon répond : « Qu'il en soit fait ainsi qu'il vous plaira ! » Puis, sur les reliques de Murglies son épée, il jura la trahison. Et c'est ainsi qu'il commit le grand forfait.

47 Il y avait là un trône tout d'ivoire. Marsile fit apporter un livre où se trouvait la loi de Mahomet et de Tervagan. Il jure, le Sarrasin d'Espagne, que s'il repère Roland à l'arrière-garde, il fondra sur lui avec toute sa gent et que, s'il est en son pouvoir, Roland y trouvera la mort, assurément. Ganelon répond : « Qu'il en soit selon votre désir ! »

48 Se lève alors un païen nommé Valdabrun ; il s'approche du roi Marsile. En riant clair il dit à Ganelon : « Prenez cette épée, nul n'en a de meilleure : entre ses deux extrémités on compte plus de mille mangons d'or. Je vous l'offre, beau sire, en gage d'amitié. Et vous nous aiderez à repérer Roland le baron parmi les rangs de l'arrière-garde. » « Soyez-en assuré », dit Ganelon le comte. Puis ils s'embrassent aux joues et au menton.

49 Puis vient un autre païen, Climborin. En riant clair il dit à Ganelon : « Prenez mon heaume, jamais n'en vit-on de meilleur. Et vous nous aiderez à

trouver Roland le marquis, que nous le puissions briser. »
« Soyez-en assuré », répondit Ganelon. Puis ils s'embras-
sèrent aux joues et au menton.

50 Voici qu'advient la reine Bramimonde : « Je vous
aime bien, dit-elle au comte, car mon seigneur et
tous ses hommes vous ont en très haute estime. À votre
femme, j'envoie ces deux colliers : ils sont tout d'or,
d'améthystes, d'hyacinthes et valent plus que tous les
trésors de Rome. Jamais votre empereur n'en a eu de si
beaux. » Il les a pris et mis dans ses houseaux.

51 Le roi alors appelle Malduit son trésorier : « Les
présents de Charles sont-ils appareillés ? » Et
Malduit répondit : « Oui, sire, du mieux qu'il est possible : sept cents chameaux chargés d'or et d'argent, et
une vingtaine d'otages, les plus nobles qui soient sous le
ciel. »

52 Marsile ensuite prit Ganelon par l'épaule et lui
dit : « Vous êtes fort noble et sage. Par cette foi
que vous tenez pour la plus sainte, gardez-vous bien de
nous retirer votre cœur. J'ai l'intention de vous donner
une part de mes richesses : dix mulets chargés de l'or le
plus fin d'Arabie. Et il n'y aura pas d'année que je ne
vous en donne autant. Prenez les clés de cette immense
cité : allez maintenant offrir à Charles tous ces présents et
mettez-moi Roland à l'arrière-garde. Si je le puis trouver
au col ou au défilé je lui livrerai là une bataille mortelle. »
Ganelon répond : « M'est avis que je tarde trop ici. » Puis
il monte à cheval et il se met en route.

53 L'empereur se rapproche de son pays : il est en la cité de Galne que le comte Roland vient de prendre et détruire : depuis ce jour, elle resta cent ans déserte. De Ganelon le roi attend des nouvelles et le tribut de l'Espagne, la grande terre. Le lendemain à l'aube, comme le jour se levait, Ganelon le comte entra au campement.

54 De grand matin l'empereur s'est levé, a entendu la messe et les matines. Il se tenait debout sur l'herbe verte devant sa tente. Roland était là et Olivier le noble et Naimes le duc et beaucoup d'autres. C'est alors qu'arriva Ganelon le félon, le parjuré. En toute ruse il se met à parler et dit au roi : « Au nom de Dieu, salut ! Je vous apporte ici les clés de Saragosse et vous fais amener un généreux trésor et une vingtaine d'otages dont vous prendrez grand soin. Mais Marsile vous prie de ne point le blâmer si l'algalife n'y est pas. Car j'ai vu de mes propres yeux quatre cent mille hommes en armes, vêtus de hauberts, quelques-uns avec leur heaume fermé et leurs épées ceintes au pommeau d'or niellé : ils suivaient l'algalife jusqu'à la mer et fuyaient Marsile pour ne pas avoir à embrasser ni à garder la foi chrétienne. Mais avant même qu'ils eussent atteint les quatre lieues en mer, la tempête et l'orage s'acharnèrent contre eux : tous sont noyés, et jamais vous ne pourrez en revoir un seul. S'il avait seulement survécu, je vous aurais ramené l'algalife. Quant au roi païen, sire, tenez-le pour sûr : vous ne verrez point passer ce premier mois qu'il ne vous ait rejoint au royaume de France. Et là il embrassera la foi que vous professez et, les mains jointes, il deviendra votre vassal. Il ne tiendra que de vous seul son droit sur le royaume

d'Espagne. » Le roi dit alors : « Grâces en soient rendues
à Dieu ! Ce que vous avez fait est bien. Et je vous en serai
reconnaissant. » Dans l'armée on fit sonner mille trompettes. Les Francs ensuite lèvent le camp, chargent leurs
bêtes de somme, et tous s'acheminent vers le pays de
douce France.

55 Charles le Grand a ravagé toute l'Espagne, a pris
tous les châteaux, forcé toutes les cités. Sa guerre
maintenant est terminée, dit-il. Et l'empereur chevauche
vers le pays de douce France. Roland le comte a plié sa
bannière : du haut d'un tertre il la dresse vers le ciel, et les
Francs montent leur camp par toute la contrée. Or, par les
larges vallées chevauchent les païens, le haubert endossé,
le heaume lacé, l'épée au flanc, l'écu au col et la lance au
poing. En un sous-bois, au sommet des montagnes, ils
dressent leur camp : ils sont quatre cent mille qui attendent la levée du jour. Dieu ! quel dommage que les Français ne le sachent point !

56 Le jour s'éloigne, la nuit est là. Et Charles l'empereur puissant s'est endormi. Il rêve qu'il se
trouve aux larges cols de Size et qu'entre ses poings il
tient sa lance de frêne. Ganelon le comte la lui saisit et si
violemment l'agite et la brandit que les éclisses en volent
vers le ciel. Il dort, Charles, et ne s'éveille pas.

57 Après ce songe un autre songe lui vint : il est en
France, à Aix, sa chapelle ; au bras droit le mord
un ours cruel, alors que devers les Ardennes il voit venir
un léopard qui à l'empereur lui-même s'attaque. Mais du

fond d'une salle un vautre s'approche, court vers Charles par bonds et au galop arrache l'oreille droite de la première bête et avec grande violence combat le léopard. Les Français disent qu'il y a là grande bataille mais ne savent lequel des deux vaincra. Il dort, Charles, et ne s'éveille pas.

58 La nuit s'éloigne et l'aube claire paraît. Par les rangs de l'armée l'empereur très fièrement chevauche. « Seigneurs barons, dit Charles l'empereur, voyez les cols et les étroits passages ! Dites-moi qui mettre en arrière-garde. » Et Ganelon dit : « Roland, mon beau-fils ! il n'est autre baron d'aussi grande vaillance. » Quand le roi l'entend, il le regarde fièrement et lui dit : « Vous êtes un diable incarné ! Au cœur vous est entrée une mortelle rage. Et qui donc sera devant moi en avant-garde ? » Et Ganelon répond : « Ogier de Danemark ! Nul baron ne fera mieux l'affaire. »

59 Roland le comte, quand il s'entend nommer, s'exprime en vrai chevalier : « Sire beau-père, j'ai bien lieu de vous chérir car vous m'avez désigné pour l'arrière-garde. Charles le roi qui règne sur la France n'y perdra, croyez-moi, ni palefroi, ni destrier, ni mule, ni mulet qu'il puisse monter ; il n'y perdra ni cheval ni bête de somme qu'on ne me l'ait d'abord arraché par l'épée. » Et Ganelon répond : « Vous dites vrai, je le sais bien. »

60 Mais quand Roland apprend qu'il devra prendre l'arrière-garde, avec colère il dit à son beau-père : « Ah, culvert ! mauvais homme de basse lignée !

Croyais-tu que le gant me tomberait des mains, comme le
bâton tomba des tiennes, devant Charles ? »

61 « Juste empereur, dit Roland le baron, donnez-
moi l'arc que vous tenez au poing. Et je suis sûr
qu'on ne me reprochera pas de l'avoir laissé choir comme
fit Ganelon du bâton qu'il reçut de sa main droite. »
L'empereur caresse sa barbe et lisse ses moustaches. Il ne
peut faire que ses yeux ne pleurent.

62 Alors s'avança Naimes : en toute la cour il n'est
meilleur vassal que lui. Au roi il dit : « Vous
l'avez bien entendu, Roland le comte ! Il est plein de
colère. L'arrière-garde lui est confiée, et nul baron n'y
pourra rien changer. Donnez-lui l'arc que vous avez
tendu, et trouvez-lui quelqu'un qui saura bien l'aider. » Le
roi lui donne l'arc, et Roland le reçoit.

63 L'empereur appelle son neveu Roland : « Neveu
beau sire, vous le savez bien : c'est la moitié de
mon armée que je remets entre vos mains. Gardez-la
bien : elle est votre salut. » Le comte dit : « Je n'en per-
drai rien. Et que Dieu me confonde si je fais mentir la
geste ! Je rendrai bien vaillants ces vingt mille Francs.
Passez les cols en toute quiétude. Et tant que je vivrai, ne
craignez plus personne. »

64 Roland le comte est monté sur son destrier. Près
de lui vient Olivier son compagnon. Et Gérin et
le preux comte Gérier. Voici Oton et Béranger, Astor et

Anséis le fier. Voici Gérard de Roussillon le vieux et le puissant duc Gaifier. L'archevêque dit : « Par mon chef, je me joins à vous ! » Et Gautier le comte dit : « J'y vais aussi ! Je suis homme de Roland et ne dois point lui faillir. » Entre eux ils choisirent vingt mille chevaliers.

65 Roland le comte appelle Gautier de l'Hum : « Prenez mille Francs de France, notre terre ; gardez les défilés et les sommets afin que l'empereur ne perde aucun des siens. » À quoi Gautier répond : « Pour vous je dois le faire ! » Avec mille Francs de France, leur terre, Gautier s'empare des défilés et des sommets : il n'en reviendra pas avant d'avoir fait brandir sept cents épées, car ce jour-là le roi Almaris du royaume de Belferne leur livra une dure bataille.

66 Hauts sont les monts et ténébreuses les vallées ; les roches grises et les défilés sinistres. C'est à grande peine ce jour-là que les Français passèrent. De quinze lieues on entend le bruit de leurs pas. Puis quand ils parviennent enfin à la Terre des aïeux, leurs yeux se tournent vers la Gascogne, terre de leur seigneur. Il leur souvient alors des terres et des honneurs, des fiancées et des nobles épouses : il n'en est pas un seul qui de tendresse ne pleure. Mais au milieu d'eux, Charles est plein d'angoisse à la pensée de son neveu qu'il a laissé là-bas au col d'Espagne. Il est tout saisi d'émotion et ne peut retenir ses larmes.

67 Les douze pairs sont demeurés en Espagne, et vingt mille Francs les accompagnent : ils sont

sans peur et ne craignent pas la mort. L'empereur, lui, s'en
retourne en France : sous son manteau il dissimule son
angoisse. À ses côtés chevauche Naimes le duc ; au roi il
dit : « D'où vous viennent tant de soucis ? » Et Charles
répond : « Celui qui me le demande me fait plus mal
encore. Si grande est ma douleur que je ne puis me taire
davantage : à cause de Ganelon la France périra. Un ange
cette nuit en songe m'en avisa. Ganelon brisait ma lance
entre mes poings. C'est lui qui mit mon neveu à
l'arrière-garde. Dieu ! si je viens à le perdre, qui donc
saura jamais le remplacer ? »

68 Charles le Grand ne peut s'empêcher de pleurer.
Cent mille Francs avec lui s'attendrissent et craignent grandement pour la vie de Roland. C'est Ganelon
qui l'a trahi : du roi païen il en a reçu grand prix, d'or,
d'argent, de soie, de draperies, de mulets, de chevaux, de
lions et de chameaux. Or Marsile de par toute l'Espagne
a fait mander ses barons, ses comtes et ses vicomtes, ses
ducs et ses almaçours : en trois jours il en a rassemblé
quatre cent mille. Et là, dans Saragosse, il fait battre les
tambours et dresser Mahomet sur la plus haute tour : il
n'est païen qui ne le prie et ne l'adore. Puis de par toute
la Terre Hautaine, par les montagnes et les vallées, ils
chevauchent jusqu'à ce qu'ils voient enfin les bannières
de ceux de France. Mais l'arrière-garde des douze compagnons ne manquera pas de leur livrer bataille.

69 Le neveu de Marsile, sur un mulet qu'il frappe
d'un bâton, s'est avancé. À son oncle en riant
bellement il dit : « Roi beau sire, je vous ai déjà bien servi

et j'en ai récolté des peines et des tourments ! J'ai livré
bataille et j'ai vaincu sur les champs. Accordez-moi une
faveur : celle de donner le premier coup à Roland ! Je le
tuerai de ma tranchante épée. Que Mahomet m'en soit
garant : j'affranchirai toutes les terres d'Espagne depuis
les cols du Nord jusqu'à Durestant. Charles en sera bien
las, et les Francs se rendront. Jamais de toute votre vie
vous ne connaîtrez d'autres guerres. » Et Marsile le roi lui
remet le gant.

70 Le neveu de Marsile tient le gant dans sa main
droite ; il interpelle son oncle d'une très fière
voix : « Roi beau sire, vous m'accordez là une grande
faveur ! Désignez-moi douze de vos barons et avec eux je
combattrai les douze compagnons. » Tout le premier,
Falsaron lui répond, qui était frère du roi Marsile :
« Neveu beau sire, nous irons, vous et moi ! Et cette bataille, nous la livrerons sans pitié. Quant à l'arrière-garde
de la grande armée de Charles, il est décidé que nous
l'anéantirons ! »

71 Survint d'autre part le roi Corsalis : il vient de
Barbarie, très versé dans les arts maléfiques. Il a
parlé en vrai vassal : pour tout l'or de Dieu il ne voudrait
faire preuve de lâcheté. À ce moment arrive au galop
Malprimis de Brigant ; il court, à pied, plus vite qu'un
cheval. Devant Marsile il s'écrie très haut : « J'irai à
Roncevaux ! Et si j'y trouve Roland, je ne le laisserai que
je ne l'aie tué. »

72. Venant de Balaguer un émir est là. Son corps est beau et son visage clair et hardi. Quand il monte sur son cheval, il s'enorgueillit de porter ses armes. Il est très renommé pour son courage. Quel baron il ferait s'il était né chrétien ! Devant Marsile il se met à crier : « À Roncevaux j'irai moi aussi ! Et si j'y trouve Roland, il sera mis à mort ainsi qu'Olivier et tous les douze pairs. Les Français y mourront dans la détresse et dans la honte. Charles le Grand est déjà vieux et puéril : il saura bien mettre fin à ses projets de guerre. Puis en franchise nous sera rendue l'Espagne. » Le roi Marsile l'en remercie grandement.

73 De Moriane un almaçour est là : il n'est plus félon que lui en toute la terre d'Espagne. Devant Marsile il fait sa vantance : « À Roncevaux je mènerai ma compagnie de vingt mille hommes armés de lances et d'écus. Et si j'y trouve Roland, je jure de le tuer. Plus jamais il ne se passera de jour que Charles ne s'en lamente. »

74 D'autre part vint Turgis, comte de Tortelose, sa cité. Des chrétiens il désire l'anéantissement. Comme les autres, devant Marsile il vient plaider : « Ne craignez rien ! Mahomet est plus fort que saint Pierre de Rome ; et si vous le servez, l'honneur du champ nous reviendra. À Roncevaux j'irai joindre Roland : nul ne pourra le sauver de la mort. Voyez mon épée qui est bonne et longue ! Je la croiserai à Durendal. Vous saurez bien laquelle vaincra. Tous les Français mourront s'ils s'aventurent contre nous. Charles le vieux n'en aura que honte et détresse ; jamais plus ici-bas il ne portera la couronne. »

75 Voici venir après Escremis de Valterne : il est Sarrasin de ce pays. Devant Marsile il s'écrie au milieu de la foule : « À Roncevaux j'irai défaire l'orgueil ! Si j'y trouve Roland il n'emportera pas sa tête, non plus qu'Olivier qui conduit tous les autres. Les douze pairs déjà sont tous condamnés. Les Français mourront, la France en restera déserte. Et Charles aura carence de bons vassaux. »

76 Ensuite vint un païen, Esturgant : il est suivi d'Estramaris son compagnon. Ils sont félons tous deux, et traîtres éprouvés ! Marsile leur dit : « Approchez, seigneurs ! À Roncevaux vous irez au passage des cols ; et là vous aiderez à conduire mes armées. » Ils lui répondent : « À votre commandement ! Nous attaquerons Olivier et Roland ; les douze pairs n'en sortiront pas vivants. Nos épées sont bonnes et tranchantes : nous les rendrons vermeilles de sang chaud. Les Français mourront, et Charles en sera inconsolable. Puis, en présent, nous vous offrirons la Terre des aïeux. Venez-y, ô roi ; et vous verrez la vérité. Nous vous ramènerons l'empereur lui-même. »

77 Arrive en courant Margaris de Séville : il règne sur la terre qui va jusqu'aux Cazmarines. Par sa beauté il a conquis toutes les dames : il n'en est pas une seule qui, à sa vue, ne s'évanouisse ; et quand l'une d'elles l'aperçoit, elle ne peut s'empêcher de lui sourire.

Il n'y a pas de païen qui ait autant de chevalerie. Il vient
donc parmi la foule et s'écrie par-dessus les autres en
s'adressant au roi : « N'ayez nulle crainte ! À Roncevaux
j'irai tuer Roland. Olivier, lui non plus n'en rapportera pas
sa vie. Et les douze pairs seront là pour leur martyre.
Voyez mon épée ! elle est surmontée d'un pommeau d'or :
c'est l'émir de Primes qui me l'a offerte. Je vous assure
qu'elle trempera dans le sang vermeil. Tous les Français
mourront, et la France en sera méprisée. Charles le vieux
à la barbe fleurie ne passera pas un seul jour sans porter
à la fois son deuil et sa colère. Avant un an, nous aurons
envahi la France et nous pourrons aller dormir au bourg
de Saint-Denis. » Le roi païen devant lui s'incline profondément.

78 Survint ensuite Chernuble de Munigre : sa chevelure lui descend jusqu'à terre. Pour s'amuser il
peut porter, s'il le veut bien, plus que ne font quatre
mulets chargés. Au Pays d'où il vient, on dit que le soleil
ne luit pas, que le blé ne peut croître, ni la pluie tomber,
ni la rosée se poser, et qu'il n'y a point de pierre qui ne
soit toute noire. C'est là, dit-on, que les diables demeu-
rent. Or donc Chernuble dit : « J'ai ceint ma bonne épée.
À Roncevaux je la teindrai de sang. Et sur ma voie, si je
trouve Roland le preux, je l'assaillerai, sinon vous ne
m'en croirez plus. Avec mon épée j'irai conquérir Durendal. Tous les Français mourront, et la France en sera
dépeuplée. » À ces mots, les douze pairs se rassemblent ;
avec eux ils emmènent cent mille Sarrasins assoiffés de
bataille. Sous une sapinière ils s'en vont revêtir leurs
armures.

79 Or les païens endossent leurs hauberts sarrasins : la plupart sont doublés de trois rangs. Puis ils lacent leurs très bons heaumes de Saragosse et ceignent leurs épées d'acier viennois. Ils ont de beaux écus, des épieux de Valence et des bannières blanc et bleu et rouge. Ils ont délaissé les mulets et les palefrois pour monter sur les destriers et chevauchent en rangs serrés. Clair est le jour et très beau le soleil : il n'est armure qui n'en resplendisse. On fait sonner mille trompettes pour que ce soit plus beau encore. Mais le bruit est si grand que les Français déjà l'entendent. Olivier dit : « Sire compagnon, nous pourrions bien, je crois, avoir bataille avec les Sarrasins. » Roland répond : « Ah, que Dieu nous l'accorde ! Nous sommes ici pour notre roi et on doit pouvoir, pour son seigneur, souffrir toute détresse, endurer les grands froids comme les grands chauds, dût-on en perdre et la peau et le poil ! Que chacun donc s'y emploie à grands coups pour qu'on ne chante point sur nous de mauvaises chansons ! Le tort est aux païens, et aux chrétiens le droit ! Jamais on ne tiendra mauvais exemple de moi. »

80 Olivier est monté sur un tertre. Il regarde à sa droite par un vallon recouvert d'herbe et voit là venir l'armée païenne. Il appelle Roland son compagnon : « Devers l'Espagne je vois venir une grande rumeur. Il y a là tant de hauberts blancs et tant de heaumes flamboyants ! Ils viennent mettre nos Français dans une grande détresse. Et Ganelon le savait, le traître, le félon, qui nous désigna en présence de l'empereur ! » « Tais-toi, Olivier ! répond Roland le comte, c'est mon beau-père, et je ne permets pas que tu médises de lui. »

81 Olivier de nouveau est monté sur un tertre. Il voit le royaume d'Espagne et les Sarrasins rassemblés là en grand nombre. Leurs heaumes sertis d'or reluisent ainsi que leurs écus, leurs hauberts safrés, leurs épieux et leurs bannières dressées. Ils sont si nombreux qu'Olivier ne sait plus dénombrer leurs bataillons et que lui-même en est tout affolé. Du plus vite qu'il peut, il descend de son tertre, vient aux Français et leur raconte tout ce qu'il a vu.

82 Olivier alors dit : « J'ai vu les païens. Jamais homme sur terre n'en vit autant. Ils sont au nombre de cent mille avec leurs boucliers au bras, leurs heaumes lacés, leurs hauberts endossés, leurs bannières déployées et leurs épieux polis qui reluisent au loin. Vous aurez là une bataille telle que vous n'en eûtes jamais encore. Seigneurs français, que Dieu vous donne sa force ! Restez dans notre camp, que nous ne soyons pas vaincus ! » Les Français disent : « Malédiction sur celui qui fuira ! Dût-il mourir, aucun de nous ne doit faillir. »

83 Olivier dit : « Les païens sont innombrables, et nos Français, ce me semble, sont bien peu ! Roland, compagnon, sonnez l'olifant ! Charles là-bas l'entendra bien, et l'armée reviendra. » Roland répond : « J'agirais comme un fou ! En douce France j'en perdrais ma gloire. Sur le champ avec Durendal je porterai de grands coups. Sa lame en sera tout ensanglantée jusqu'au pommeau d'or ! Les païens félons sont venus jusqu'aux cols pour leur propre perte ! Je vous l'assure : ils sont déjà tous voués à la mort ! »

84 « Roland, compagnon, sonnez donc l'olifant ! Charles là-bas l'entendra bien et ramènera ici ses armées. Le roi nous portera secours avec tous ses barons. » Roland répond : « À Dieu ne plaise que mes pères en soient pour moi blâmés ! Et que douce France en soit à jamais déshonorée ! Auparavant j'aurai beaucoup frappé avec ma bonne épée Durendal que j'ai ceinte à mon flanc : vous en verrez la lame tout ensanglantée ! Les païens félons se sont rassemblés là pour leur perte ! Je vous l'assure : ils sont déjà tous voués à la mort ! »

85 « Roland, compagnon, sonnez votre olifant ! Charles là-bas l'entendra bien ; il est au passage des cols. Je vous l'assure : les Francs reviendront. » « Ne plaise à Dieu ! a répondu Roland, qu'il ne soit jamais dit par nul homme vivant que j'ai, devant les païens, sonné mon olifant ! Jamais mes pères n'en essuieront le reproche ! Quand je serai dans la mêlée, je frapperai et mille coups et sept cents ! Et de Durendal vous verrez bien l'acier sanglant ! Les Français sont vaillants : ils combattront en vrais chevaliers. Et ceux d'Espagne ne pourront échapper à la mort ! »

86 Olivier dit : « Pourquoi vous en blâmerait-on ? J'ai vu, moi, les Sarrasins d'Espagne : les vallées et les montagnes, les forêts et toutes les plaines en sont couvertes. Vastes sont les armées de cette gent étrangère, et nous ne sommes qu'une poignée ! » Roland répond : « Mon ardeur n'en est qu'accrue ! Ne plaise à Dieu ni à ses anges qu'à cause de moi France perde sa gloire ! Mieux vaut mourir ici que d'être vengé dans la honte !

Pour avoir bien frappé, l'empereur ne nous en prisera que davantage ! »

87 Roland est preux mais Olivier est sage. Ils sont tous deux d'un merveilleux courage. Dès qu'ils se trouvent en armes, montés sur leurs chevaux, jamais par crainte de la mort ils ne manqueraient une bataille. Vaillants sont-ils, les comtes, et leurs paroles sont élevées. Mais les félons païens avec fureur toujours chevauchent. Olivier dit : « Roland, voyez-les ! Ils approchent ! Mais Charles est là-bas trop loin de nous. Et vous n'avez pas daigné sonner votre olifant. Si Charles venait ici, nous n'aurions plus à craindre le péril. Voyez là-bas devers les cols d'Espagne, voyez comme l'arrière-garde est pitoyable ! Ceux qui la forment maintenant, jamais plus n'en formeront une autre. » Roland répond : « Ne dites pas de tel outrage ! Malheur au cœur qui s'amollit dans la poitrine ! Nous resterons debout sur ce champ. Et c'est nous qui porterons les coups et les assauts ! »

88 Quand Roland s'aperçoit qu'il y aura bataille, il se fait plus fier qu'un lion ou qu'un léopard. Devant tous les Français il dit à Olivier : « Ami sire compagnon, ne parlez plus ! L'empereur qui nous confia les Français en mit vingt milliers sous nos ordres. Il sait très bien qu'aucun d'eux n'est lâche. Pour son seigneur tout homme doit pouvoir souffrir de grands maux, endurer de grands froids et de grands chauds, et perdre parfois de sa chair et de son sang. Frappez de votre lance, et moi de Durendal ma bonne épée que le roi me donna. Et si je meurs, celui qui la verra pourra dire : " Voici l'épée d'un grand soldat ! " »

89 Voici Turpin l'archevêque. Il éperonne son cheval et monte sur une colline ; il convoque les
Français et leur fait ce sermon : « Seigneurs barons,
Charles nous a laissés ici : pour notre roi nous devons
bien mourir ! C'est vous qui soutenez la chrétienté. Vous
engagerez bientôt le combat, c'est une chose certaine, car
de vos yeux vous voyez là-bas les Sarrasins. Confessez
vos fautes et priez Dieu qu'il vous pardonne. Et pour
sauver vos âmes, je vous absoudrai. Si vous mourez, ce
sera en saints martyrs, et vous aurez des trônes au plus
haut du paradis. » Les Français descendent de leurs montures et s'agenouillent ; l'archevêque au nom de Dieu les
bénit. Pour toute pénitence il leur donne de combattre.

90 Les Français se relèvent et se tiennent debout. Ils
ont été absous et acquittés de leurs fautes, car
l'archevêque au nom de Dieu les a signés. Puis ils sont
remontés sur leurs rapides destriers. Ils se sont revêtus à
la façon des chevaliers et sont maintenant prêts pour la
bataille. Roland le comte appelle Olivier : « Sire compagnon, vous le savez très bien : c'est Ganelon qui nous a
trahis ; il a reçu son salaire en biens, en or et en deniers.
Puisse l'empereur nous venger un jour ! Le roi Marsile a
fait marché de nous : c'est à l'épée maintenant qu'il devra
nous gagner ! »

91 Aux cols d'Espagne Roland est parvenu, monté
sur Veillantif son bon cheval courant. Il porte son
armure qui lui va à merveille. Il avance, le noble, brandis-
sant son épée, la pointe dressée vers le ciel, puis il attache
à son branc une bannière blanche dont les franges lui

pendent sur les mains. Noble est son corps, et son visage
riant et clair. Son compagnon le va suivant, et ceux de
France l'acclament comme un sauveur. Vers les rangs
sarrasins il regarde d'abord fièrement, puis il tourne ses
regards humbles et doux vers les Français en leur adressant courtoisement ces mots : « Seigneurs barons, avancez
prudemment et tenez le pas ! Les païens viennent ici
chercher leur martyre ! Avant ce soir nous aurons partagé
un butin riche et beau : nul roi de France n'en aura eu
d'aussi grand. » Sur ces mots, les bataillons se forment.

92 Olivier dit : « Je n'ai plus rien à dire ! Vous
n'avez pas daigné sonner votre olifant : vous
refusez ainsi les secours de Charles. Il n'en sait rien, et ce
n'est point sa faute, le noble ! Ceux qui sont là devant
vous n'ont rien fait dont on les doive blâmer. Chevauchez
maintenant autant que vous pourrez, seigneurs barons,
allez au champ du combat ! Au nom de Dieu je vous prie
de tenir ferme, de porter les coups, d'en recevoir et d'en
donner. N'oubliez surtout pas le cri d'armes de Charles. »
À ces mots les Français crient : « Montjoie ! » Qui les
entend pousser ce cri se souvient pour toujours de leur
haute vaillance. Dieu ! comme ils chevauchent avec
ardeur ! Ils éperonnent leurs chevaux pour qu'ils foncent
plus vite, et vont porter leurs coups : qu'auraient-ils
d'autre à faire ? Ah, comme ils frappent ! Les Sarrasins ne
s'y attendaient guère : Francs et païens maintenant en sont
aux prises.

93 Aelroth neveu de Marsile, tout le premier, chevauche au-devant des armées. Il va lançant des

injures à la figure de nos Français : « Félons Français !
aujourd'hui vous devrez vous mesurer aux nôtres ! Il vous
a bien trahis, celui qui vous gardait ! Et bien fol est le roi
qui vous abandonna dans ces défilés ! La France en perdra
toute sa gloire, et Charles le bras droit de son corps ! »
Quand Roland l'entend, Dieu ! comme il en conçoit une
grande douleur. Il éperonne son cheval, le laisse courir au
grand galop et va frapper le comte païen du mieux qu'il
peut le faire. Il lui déchire l'écu, lui ouvre le haubert, lui
pourfend la poitrine et lui brise les os ; puis lui arrache
l'échine du dos et avec son épée lui retire l'âme du corps.
Au bout de son arme il brandit le cadavre après l'avoir
jeté à bas de son cheval et lui avoir brisé le cou en deux
moitiés. Et pourtant il ne peut se retenir de l'injurier
encore : « Non, culvert, Charles n'est pas un insensé, ni
jamais n'a prisé la trahison ! Ce fut agir en preux que de
nous avoir laissés à ces cols ! Et ce n'est pas aujourd'hui
que France perdra sa gloire ! Frappez, ô Francs ! le premier coup est à nous ! C'est nous qui avons raison, et ces
félons ont tort ! »

94 Il y a là un duc nommé Falsaron et frère du roi
Marsile. Il règne sur les terres de Dathan et
d'Abiron : il n'y a sous le ciel de pire félon que lui. Son
front entre ses yeux est si large qu'on y peut mesurer un
bon demi-pied. Il a grand deuil quand il voit mort son
neveu Aelroth. Il sort donc de la troupe, s'expose à tous
les coups, pousse le cri d'armes des païens et contre les
Français lance avec fureur ces injures : « C'est ce jour
même que douce France perdra son honneur ! » Olivier
l'entend et en conçoit une grande colère. Il pique son
cheval de ses éperons dorés et va frapper Falsaron comme

le ferait un vrai chevalier. Il lui déchire l'écu, lui rompt le
haubert, dans le corps lui enfonce le fer de sa lance et de
sa pleine hampe le jette mort à bas de ses étriers. Puis il
regarde par terre et voit là gésir le traître. Il lui dit alors
d'une très fière voix : « De vos menaces, culvert, je n'ai
que faire ! Frappez, ô Francs, car nous les vaincrons
bien ! » Puis il s'écrie : « Montjoie ! » qui est le cri de
Charles.

95 Un roi est là qu'on nomme Corsablis. Il est de
Barbarie, un pays étranger. Il appelle les autres
Sarrasins : « Cette bataille, nous la pouvons bien tenir !
Car il y a fort peu de Français, et nous devons tenir pour
rien ce qui est devant nous. Charles n'en pourra réchapper
un seul. C'est aujourd'hui même qu'il leur faudra mourir ! » Turpin l'archevêque l'entendit bien, et il n'est
homme sous le ciel qu'il méprise autant que Corsablis. Il
pique son cheval de ses éperons d'or fin et par grand
courage s'en est allé le férir : l'écu il lui déchire, lui défait
le haubert et lui enfonce dans la poitrine son grand épieu ;
il l'emprend si bien qu'il le fait tomber mort et avec sa
pleine hampe l'abat sur le chemin. Il regarde derrière et
voit le traître gisant. Il ne le laissera point qu'il ne lui ait
lancé ces mots : « Culvert de païen ! Vous avez bien
menti ! Car Charles mon roi nous est toujours garant, et
nos Français n'ont pas le cœur à fuir ! Nous forcerons vos
compagnons à la retraite. Je vous le dis : vous devrez
souffrir la mort ! Frappez, ô Francs ! Que nul parmi vous
n'oublie que ce premier coup est le nôtre, Dieu merci ! »
Puis pour exciter le camp il crie : « Montjoie ! »

96 Et Gérin va frapper Malprimis de Brigant dont le bon écu ne lui vaut un seul denier : Gérin en brise la boucle de cristal dont la moitié tomba par terre ; puis il lui rompt le haubert jusqu'à la chair, lui enfonce son épieu dans la poitrine : le païen en choit par terre comme du plomb. Et Satan lui emporte l'âme...

97 Gérier son compagnon va frapper à son tour l'émir. Il lui déchire l'écu, lui démaille le haubert et lui met son épieu contre les entrailles : il l'emprend si bien qu'il lui passe le fer à travers le corps et l'abat mort sur le champ avec sa pleine hampe. Olivier dit : « Notre bataille est belle ! »

98 Samson le duc, lui, va frapper l'almaçour. Il lui brise l'écu orné d'or et de fleurs. Son bon haubert ne le protège guère, car Samson lui perce le cœur, le foie et le poumon si bien qu'il l'abat mort, qu'il le veuille ou non. Et l'archevêque dit : « Ce coup est d'un vrai baron ! »

99 Puis Anséis laisse aller son cheval et va frapper Turgis de Tortelose. Sous la boucle dorée il lui fracasse l'écu, de son haubert il rompt les mailles et place contre sa chair le fer de son épieu qu'il lui enfonce bien à travers le corps ; puis de sa pleine hampe l'abat sur le terrain. Et Roland dit : « Ce coup est d'un brave homme ! »

100 Engelier le Gascon de Bordeaux éperonne son cheval, lui lâche les rênes et court frapper à son tour Escremis de Valterne. Il lui déchire l'écu qu'il porte au cou en le faisant éclater, lui rompt la vantaille de son haubert et le frappe à la poitrine entre les os des côtes, puis l'abat mort de sa monture et lui dit : « Vous voilà sur la voie de votre perdition ! »

101 Puis Oton frappe un païen, Estorgans, sur le champ de son écu dont il déchire les quartiers de vermeil et de blanc ; il rompt ensuite les pans de son haubert et au corps lui enfonce son bon épieu tranchant, si bien qu'il l'abat mort de son cheval courant. Après quoi il lui dit : « Vous ne vous en sauverez jamais ! »

102 Béranger, lui, court frapper Astramaris, lui pourfend l'écu, lui défait le haubert et lui rentre son fort épieu dans le ventre ; il l'abat mort parmi mille Sarrasins. Des douze pairs, dix déjà sont morts ; il n'en reste plus que deux vivants : c'est Chernuble et c'est Margaris le comte.

103 Margaris est très vaillant chevalier, et beau et fort et agile et léger. Il éperonne son cheval et court frapper Olivier : sous la boucle d'or pur il lui perce l'écu et lui dirige son épieu vers les côtes. Mais Dieu sauve le sage : son corps n'est pas atteint. La hampe de Margaris se brise, et Olivier n'est pas renversé. Le païen passe outre sans troubler Olivier et va sonner sa trombe pour rassembler les siens.

104 La bataille est merveilleuse et générale. Roland le comte ne s'y ménage guère. Il frappe de son épieu autant qu'en dure la hampe : après quinze bons coups, il l'a brisée et perdue. Il tire alors Durendal de son fourreau : sa bonne épée est maintenant à nu. Il éperonne son cheval et va frapper Chernuble. Il lui fracasse le heaume où luisent les escarboucles, lui tranche son casque et sa chevelure et lui pourfend le crâne, les yeux, le blanc haubert dont la maille est menue et tout le corps jusqu'à la fourche ; puis l'épée atteint le cheval après avoir traversé la selle incrustée d'or. Roland tranche l'échine sans jointure de la bête, l'abat morte sur le pré d'herbe drue. Après quoi il dit : « Culvert ! Vous avez cherché votre malheur ! N'attendez surtout pas le secours de Mahomet : un traître tel que vous ne gagne jamais de bataille ! »

105 Roland le comte de par le champ chevauche. Il brandit Durendal qui bien tranche et bien taille et fait aux Sarrasins plus d'un grand dommage. Ah ! puissiez-vous le voir jeter un mort sur l'autre, et le sang clair ruisseler sur tout le champ ! Il en a le haubert et les bras tout ensanglantés ainsi que la crinière et les épaules de son cheval. Olivier, lui, ne se fatigue pas de frapper. Ah ! qui pourrait blâmer les douze pairs de n'agir point ? Car tous les Français frappent sans cesse. Les païens meurent, et quelques-uns défaillent. L'archevêque dit : « Gloire à notre baronnie ! » Puis il s'écrie : « Montjoie ! » qui est le cri de Charles.

106 Or Olivier chevauche de par le champ du combat. Sa lance est brisée, il n'en a plus qu'un tronçon. Il va pourtant frapper un païen, Malun, lui brise l'écu couvert d'or et de fleurs, hors de la tête lui fait éclater les yeux et la cervelle, qui tombent à ses pieds ; puis devant sept cents des siens, il l'abat mort. C'est ensuite qu'il va tuer Turgis et Esturoz. Mais sa lance est brisée et fendue jusqu'à ses poings. Roland lui dit : « Que faites-vous, compagnon ? En un tel combat, il n'est point besoin d'un bâton ! Le fer et l'acier seuls y valent quelque chose ! Où donc est votre épée qui a nom Hauteclaire ? » « Je n'ai pu la dégainer, lui répond Olivier, car j'ai beaucoup à frapper maintenant ! »

107 Le seigneur Olivier tire alors sa bonne épée que Roland son compagnon lui a tant réclamée. Puis en bon chevalier il la montre à Roland et court frapper un païen, Justin de Valferrée. Il lui pourfend le crâne par le milieu, lui tranche le corps, la brogne safrée, et au cheval coupe l'échine : il l'abat mort sur le pré devant lui. Roland lui crie : « Je vous reconnais bien, frère ! À cause de tels coups l'empereur nous aimera ! » Puis de toutes parts on crie : « Montjoie ! »

108 Gérin le comte monte son cheval Sorel, et Gérier son compagnon monte Passecerf. Ils lâchent tout à coup les rênes, éperonnent tous les deux avec vigueur et courent frapper un païen, Timozel, l'un sur l'écu et l'autre sur le haubert. Leurs deux épieux vont se briser dans le corps du païen. Ils le renversent mort dans un guéret. Je n'ai ouï dire ni même su lequel des deux frappa le premier. L'archevêque pendant ce temps leur tua Siglorel, l'enchanteur qui déjà par sortilège descendit aux enfers sous la conduite de Jupiter. Turpin lui dit : « Celui-là nous en aura donné du mal ! » À quoi Roland répond : « Il est vaincu, le culvert ! Frère Olivier, de tels coups m'éblouissent ! »

109 La bataille redouble de clameurs. Francs et païens s'y rendent de grands coups : les uns frappent et les autres se défendent. Ah ! comme il y en a des lances brisées et sanglantes ! Et des bannières déchiquetées, et des enseignes ! Et tant de bons Français y perdent leur jeunesse ! Jamais ils ne reverront ni leurs mères, ni leurs épouses, ni ceux de France qui aux cols les attendent. Charles le Grand en versera des larmes et se lamentera, mais à quoi bon ? Il ne pourra plus les sauver. Ganelon lui rendit un bien mauvais service le jour où il s'en fut à Saragosse trahir son armée ! Mais un jour, il payera bien de sa vie et de ses membres, au palais d'Aix, alors qu'on le condamnera au supplice, et avec lui trente de ses parents qui ne s'y attendaient guère.

110 La bataille est merveilleuse et âpre. Olivier y porte de beaux coups, et Roland de même. L'archevêque y a déjà rendu plus de mille coups. Les douze pairs n'y perdent pas leur temps, et les Français y frappent tous ensemble. Les païens tombent par milliers et par centaines. Qui ne s'enfuit ne trouve point de salut ; qu'il le veuille ou non, chacun y laisse sa vie. Les Français aussi y perdent leurs meilleurs guerriers qui ne reverront ni leurs pères, ni leurs parents, ni même Charles qui aux cols les attend. Soudain de France s'élève une tourmente étrange : un orage chargé de tonnerre et de vent, de pluie et de grêle, démesurément. La foudre tombe menue et fréquente, et il se fait de vrais tremblements de terre. Depuis Saint-Michel-du-Péril jusqu'à Sens, depuis Besançon jusqu'au port de Guitsand, il n'est maison dont les murs ne s'écroulent. Vers midi, il fait déjà grandes ténèbres : nulle clarté, sinon quand le ciel se fend. Nul ne voit ce spectacle sans en être saisi de frayeur. Plusieurs disent : « C'est le jour du Jugement ! C'est la fin des siècles qui vient ! » Mais ils se trompent et ne savent pas encore que c'est le signe d'une grande douleur pour la mort de Roland.

111 Les Français ont frappé avec cœur et vigueur. Les païens en sont morts par milliers et milliers. Des cent mille, il ne s'en est pas sauvé deux. L'archevêque dit : « Nos hommes sont très vaillants ; nul sous le ciel n'en a de meilleurs. Car il est écrit en la Geste de France que notre empereur n'est vassal que de Dieu ! » Puis ils vont de par le champ et cherchent les leurs. Les yeux pleurent de douleur et de tendresse sur la mort de leurs frères de cœur et d'amitié. Puis Marsile avec sa grande armée fond sur eux.

112 Marsile s'en vient le long d'une vallée avec la grande armée qu'il avait rassemblée. Le roi a formé là vingt bataillons. Les heaumes luisent, sertis de pierres et d'or, ainsi que luisent les écus et les brognes safrées. Sept mille trompettes sonnent la charge, et le bruit en est grand par toute la contrée. Or Roland dit : « Olivier frère compagnon, Ganelon le traître a juré notre mort. Sa trahison ne fait plus de doute. Mais l'empereur en rendra une grande vengeance. Nous aurons bientôt une bataille dure et pénible : jamais on n'aura vu un tel affrontement. Je frapperai de Durendal mon épée, et vous, compagnon, frapperez de Hauteclaire. Nous les avons déjà menées en tant de lieux et gagné avec elles tant de batailles ! On ne doit pas chanter d'elles de mauvaises chansons. »

113 Marsile voit bien alors le carnage des siens. Il fait sonner les cors et les trompettes, puis chevauche avec le gros de ses armées. Au-devant chevauche un Sarrasin nommé Abisme : il n'est plus félon que lui en toute la compagnie. Il est rempli de vices et de très grandes félonies, et ne croit pas en Dieu, le fils de sainte Marie. Il est noir comme de la poix fondue ; et plus que tout l'or de Galicie il aime la trahison et le meurtre. Jamais ne le vit-on jouer ni rire. Il est cependant de bon vasselage et d'une très grande hardiesse : pour ce, il est chéri du félon roi Marsile. Il porte à sa bannière un dragon qui rallie son armée. Jamais l'archevêque ne saurait le priser ! Dès qu'il le voit, il désire le frapper. À voix très basse il se dit à lui-même : « Ce Sarrasin me semble très hérétique ! Il serait mieux que j'aille l'occire moi-même. Jamais je n'aimai le blasphème ni le blasphémateur. »

114 L'archevêque engage alors le combat. Il monte le cheval qu'il prit jadis à Grossaille, un roi qu'il tua en Danemark. Le destrier est rapide et léger ; il a les sabots ferrés et les pattes minces, la cuisse courte et la croupe bien large, les flancs allongés et l'échine très haute, la queue blanche et la crinière jaune, les oreilles petites et la tête toute fauve : il n'est autre bête qui ose aller contre lui. L'archevêque l'éperonne avec grande vigueur. Il ne laissera pas Abisme lui échapper. Il court donc le frapper sur son écu d'argent tout serti de pierres, d'améthystes et de topazes où scintillent les quartiers et les escarboucles : en Val Métas un diable le lui avait remis, qui le tenait de l'émir Galafe. Turpin le frappe sans pitié. Après un seul de ses coups, l'écu, je crois bien, ne vaut plus un denier. Turpin alors transperce le païen d'un flanc à l'autre, si bien qu'il l'abat mort sur un terrain vague. Les Français disent : « L'honneur de la crosse, par l'archevêque, est bien sauvé ! »

115 Les Français voient pourtant combien se trouvent là de païens : de toutes parts en sont couverts les champs. Souvent ils ont recours à Olivier et à Roland ou aux douze pairs à la fois pour qu'ils les protègent. L'archevêque leur dit : « Seigneurs barons, ne perdez point courage ! Au nom de Dieu je vous prie : ne fuyez pas, afin que nul homme un jour ne chante sur vous de mauvaises chansons ! Mieux nous vaut de mourir au combat ! Ne sommes-nous pas d'avance tous promis à la mort ? Au-delà de ce jour nous ne serons plus vivants. Mais je vous suis garant d'une chose : le saint paradis vous sera grand ouvert, et votre place sera auprès des Innocents. » À ces mots, les Francs se réjouissent, si bien qu'il n'en est un seul qui ne crie : « Montjoie ! »

116 Un Sarrasin est là qui vient de Saragosse ; une moitié de cette cité lui appartient : c'est

Climborin, qui n'est du tout vaillant. C'est lui qui reçut le serment de Ganelon le comte et lui avait offert son heaume et son écu. Il entend confondre la Terre des aïeux dans la honte et ravir la couronne de l'empereur. Il monte un cheval nommé Barbamouche, plus rapide qu'un épervier ou qu'une hirondelle. Climborin l'éperonne, lâche la bride et va frapper Engelier de Gascogne que ni l'écu ni la brogne ne peuvent protéger. Le païen lui plonge alors le fer de son épieu dans le corps, l'emprend bien, le transperce de part en part et le renverse mort sur le champ. Après quoi il s'écrie : « Frappez, païens, pour briser cette horde ! Tous ceux-ci ne sont bons qu'à tuer ! » Les Français disent : « Dieu ! quel dommage nous fait la perte d'un tel homme ! »

117 Roland le comte s'adresse alors à Olivier : « Sire compagnon, Engelier déjà est mort : nous n'avions pas de plus vaillant chevalier ! » Et Olivier le comte répond : « Dieu me donne de le venger ! » Il pique son cheval de ses éperons d'or pur, brandit Hauteclaire dont l'acier est encore tout sanglant et par grand courage va frapper le païen. Il porte son coup, et le Sarrasin tombe : Satan emporte son âme... Puis Olivier tue Alphaïen le duc, tranche la tête à Escababi et renverse de leurs chevaux plus de sept Arabes : jamais plus ils ne seront en mesure de faire la guerre. Et Roland dit : « Mon compagnon est irritable ! Auprès de moi, il est bien à priser ! C'est pour de tels coups que Charles nous chérit tant. » Puis à haute voix s'écrie : « Frappez-y, chevaliers ! »

118 D'autre part vient un païen, Valdabrun : c'est lui qui avait élevé le roi Marsile. Il est seigneur, sur mer, de quatre cents vaisseaux, si bien qu'il n'est pas un seul équipage qui ne se réclame de lui. Jadis il avait pris Jérusalem par trahison, avait pillé le temple de Salomon et tué le patriarche devant les fonts baptismaux. C'est lui aussi qui reçut le serment de Ganelon et lui offrit son épée et mille mangons. Il monte un cheval nommé Gramimonde, plus agile que ne l'est un faucon. Valdabrun alors pique son cheval de ses éperons pointus et va frapper le noble duc Samson, lui déchire l'écu, lui démaille le haubert, lui met au corps le fer de sa lance et à pleine hampe l'abat mort de ses étriers en disant : « Frappez, païens, et nous les vaincrons bien ! » Les Français disent : « Dieu ! quel dommage nous fait la perte d'un tel baron ! »

119 Roland le comte, quand il voit Samson mort, sachez qu'il en conçut une grande détresse. Il éperonne alors son cheval et court vers le païen de toutes ses forces. Il brandit Durendal qui vaut plus que l'or fin. Le noble comte va tant qu'il peut frapper l'ennemi sur son heaume serti d'or ; il lui pourfend le crâne, la brogne, le corps, la bonne selle gemmée d'or et atteint le dos du cheval. Il les tue tous les deux : l'en blâme ou l'en loue qui voudra ! Les païens disent : « Ce coup nous fait un grand dommage ! » Et Roland leur répond : « Je ne puis aimer les vôtres, car l'orgueil et le tort sont de votre côté. »

120 D'Afrique, un Africain est là : c'est Malquiant, fils du roi Maleud. Son armure est toute d'or martelé et luit contre le ciel parmi toutes les autres. Il monte un cheval nommé Saut-Perdu : nulle bête ne le peut surpasser à la course. Il va frapper Anséis sur l'écu : il en tranche les quartiers de vermeil et d'azur, puis déchire les flancs de son haubert, lui enfonce dans le corps et le fer et le bois de sa lance. Le comte est mort, son temps est achevé. Les Français disent : « Baron, quel malheur s'est abattu sur toi ! »

121 De par le champ va Turpin l'archevêque. Jamais tel mitré chantant la messe ne fit de son corps tant de prouesses ! Il dit au païen : « Dieu t'envoie tous les maux ! Car tu en as tué un que mon cœur regrette bien. » Il fait courir son cheval et va frapper le païen sur son écu de Tolède, si bien qu'il l'abat mort sur l'herbe verte.

122 D'autre part vient un païen, Grandoine, fils de Capuel le roi de Capadoce. Il monte un cheval appelé Marmoire, plus rapide que ne l'est l'oiseau volant. Il lâche les rênes, pique de ses éperons et va frapper Gérin de toutes ses forces. Il lui brise l'écu vermeil et le lui arrache du cou, puis lui déclôt la brogne, lui plonge dans le corps son enseigne bleue et l'abat mort sur une haute pierre. Il tue encore son compagnon Gérier, et Béranger et Guyon de Saint-Antoine, puis court frapper le noble duc Astor qui régnait sur Valéri et Envers près du Rhône : il l'abat mort, et les païens s'en réjouissent. Les Français disent : « Comme les nôtres tombent maintenant ! »

123 Roland le comte brandit alors son épée sanglante. Il a bien entendu dire que les Français perdent courage : il en conçoit une si grande douleur que son cœur en vient près d'éclater. Il dit au païen : « Dieu t'envoie tous les maux ! Celui que tu as tué, j'entends te le faire payer cher ! » Il éperonne son cheval qui perd contenance. Voilà les adversaires aux prises : nul ne sait qui vaincra.

124 Grandoine était noble et vaillant, courageux et ardent au combat. Sur sa route il a rencontré Roland qu'il n'avait jamais vu mais qu'il reconnut bien pourtant à son fier visage, à la noblesse de son corps, à son regard, à son allure. Il en est tout saisi, si bien qu'il s'épouvante et pense fuir, mais sans y parvenir. Le comte l'attrape si fortement qu'il lui pourfend le heaume jusqu'à la visière, lui tranche le nez, la bouche, les dents, puis tout le corps et le haubert maillé et les deux pans d'argent de sa selle dorée ; ensuite profondément il atteint le dos du cheval. Il les tue tous les deux sans nul recours possible. Tous ceux d'Espagne en clament leur douleur. Les Français disent : « Il frappe bien, notre chef ! »

125 La bataille est merveilleuse et grande. Les Français y frappent avec vigueur et colère. Ils tranchent des poings, des flancs, des échines et des armures jusqu'à la chair vive. Sur l'herbe le sang clair ruisselle. « Terre des aïeux, Mahomet te maudit ! Sur toutes les armées, la tienne prédomine ! » Il n'est pas un païen qui ne crie : « Marsile ! Chevauchez, ô roi ! Car nous avons besoin d'aide ! »

126 La bataille est merveilleuse et grande. Les Français y frappent de leurs épieux luisants. Ah ! puissiez-vous voir là tant de douleur en cette armée, tant d'hommes morts, ou blessés, ou sanglants ! L'un gît sur l'autre, contre le ciel ou contre terre. Les Sarrasins, eux, n'en peuvent supporter autant : bon gré mal gré, ils quittent le champ du combat ; mais les Francs par vive force s'élancent à leur poursuite.

127 Roland le comte appelle Olivier : « Sire compagnon, avouez-le, l'archevêque est très bon chevalier : il n'a pas son pareil sur la terre ni sous le ciel ! Il sait bien frapper et de la lance et de l'épieu ! » Le comte répond : « Allons donc lui porter notre aide ! » À ces mots les Francs reprennent le combat. Durs sont les coups, et les bataillons se dépeuplent. Il y a grande détresse chez les chrétiens. Ah ! puissiez-vous voir là Roland et Olivier frapper de leurs épées et se battre ! L'archevêque, lui, frappe de son épieu. On peut estimer le nombre de ceux qu'ils ont tués, car il est écrit dans les chartes et les brefs, et la Geste fait état de plus de quatre milliers. Ils ont bien remporté les quatre premiers combats, mais le cinquième leur est pénible et lourd en pertes. Ils sont déjà tous tués, les chevaliers français, sauf une soixantaine que Dieu a épargnés. Mais avant de mourir à leur tour, ils se vendront très cher.

128 Roland le comte voit bien la grande perte chez les siens. Il appelle Olivier son compagnon : « Beau sire, cher compagnon ! par Dieu, que vous en semble ? Voyez là tant de bons chevaliers qui gisent contre terre ! Nous pouvons bien en plaindre douce France la belle ! Elle reste désormais déserte de tant de bons barons ! Ah ! roi, ami, que n'êtes-vous ici ! Olivier, frère, que devrons-nous faire ? Et comment lui annoncer ces nouvelles ? » Olivier dit : « Je ne sais plus que faire. Mais mieux nous vaut mourir que d'en porter la honte ! »

129 Or c'est alors que Roland dit : « Je sonnerai l'olifant ! Charles là-bas l'entendra bien, qui maintenant passe les cols. Et les Francs reviendront, je vous jure ! » Olivier dit : « Ce serait là un grand déshonneur pour toute votre famille qui en sera fort réprouvée et portera cette honte pour le reste des jours ! Quand je vous le demandai d'abord, vous n'en fîtes rien. Mais vous ne le ferez pas maintenant sans avoir ma réprobation. Si vous sonnez votre cor, ce ne sera point à votre honneur. Déjà vous avez les bras tout ensanglantés. » Et le comte répond : « C'est à cause des beaux coups que j'ai déjà frappés ! »

130 Roland reprit : « Dure est notre bataille ! Je sonnerai l'olifant, et le roi Charles là-bas l'entendra bien ! » Olivier dit : « Ce ne serait pas là le geste d'un bon vassal ! Quand je vous le demandai d'abord, compagnon, vous ne daignâtes point m'entendre. Si le roi était là, nous ne compterions pas tant de dommages. Et ceux qui sont là devant nous n'en doivent point porter le blâme ! » Puis il ajoute : « Par ma barbe, si je puis seulement revoir Aude ma sœur, jamais plus elle ne vous recevra dans ses bras ! »

131 Et Roland dit : « Pourquoi soudain me portez-vous cette colère ? » Olivier lui répond : « Compagnon, c'est vous qui l'avez d'abord voulu ! Vaillance sensée n'est point folie, et mieux vaut la mesure que la témérité ! Les Français sont morts à cause de votre légèreté ! Et Charles jamais plus ne nous aura à son service. Si vous m'aviez écouté d'abord, mon roi serait venu : cette bataille, nous l'aurions remportée. Le roi Marsile y eût été ou pris ou tué. Mais votre prouesse, Roland, nous l'avons vue pour notre malheur ! Charles le Grand ne nous aura plus jamais à son service, et pourtant jamais plus jusqu'au Jugement de Dieu la terre ne reverra un tel homme ! Vous allez mourir, et la France va connaître le mépris. Aujourd'hui même notre loyale amitié nous échappera à tous les deux, car avant même la vêprée notre séparation sera pénible. »

132 L'archevêque les entend se quereller. Il pique son cheval de ses éperons d'or pur, vient jusqu'auprès d'eux et se met à les réprimander : « Sire Roland, et vous sire Olivier ! Au nom de Dieu, je vous en prie, ne vous querellez point ! Sonner le cor ne nous serait plus guère d'aucun secours. Néanmoins ce serait mieux, car si le roi revient il pourra nous venger : ceux d'Espagne ne doivent pas s'en retourner satisfaits. Nos Français descendront ici de cheval, nous trouveront morts et démembrés, nous mettront en bière sur des destriers et nous pleureront de deuil et de pitié. Puis ils iront nous inhumer en quelque crypte d'une église, et ni les loups, ni les porcs, ni les chiens ne mangeront nos cadavres. » Roland répond : « Sire, vous avez bien parlé ! »

133 Roland porte alors l'olifant à sa bouche. Il l'emprend bien et de toutes ses forces le fait résonner. Hautes sont les montagnes, et longue la plainte du cor : à trente lieues on l'entend qui s'éloigne. Charles l'entend, et toutes ses compagnies. Le roi dit : « Nos hommes livrent bataille ! » Et Ganelon lui réplique : « Si un autre l'avait prétendu, ç'aurait été un grand mensonge ! »

134 Roland le comte à grande peine et grand effort et grande douleur sonne son olifant. De sa bouche le sang jaillit clair. Sur sa tempe la veine s'est rompue. Du cor qu'il tient ainsi le son est très grand. Charles l'entend là-bas, qui déjà passe les cols. Naimes le duc aussi l'entend, et tous les Français l'écoutent. Le roi dit : « J'entends là-bas l'olifant de Roland ! Il n'en sonnerait pas s'il n'y livrait bataille. » Et Ganelon répond : « Il n'en est rien de cette bataille ! Vous vous faites vieux et fleuri et tout blanc ! De tels propos font de vous un enfant ! Vous connaissez pourtant le grand orgueil de Roland : c'est merveille encore que Dieu l'endure tant ! Déjà il a pris Nobles sans votre commandement : les Sarrasins sortirent de la cité et livrèrent bataille au bon vassal Roland. Puis avec de l'eau il lava le sang sur les prés pour qu'il n'en reste pas de traces honteuses. Pour un seul lièvre, il sonnerait volontiers du cor pendant toute une journée ! Aujourd'hui il se joue sûrement de ses pairs ! Il n'est personne sous le ciel qui oserait lui chercher bataille. Chevauchez donc ! Pourquoi rester ici ? La Terre des aïeux est encore très loin là-bas devant nous... »

135 Roland le comte a la bouche ensanglantée. Sur sa tempe la veine s'est rompue. Il sonne l'olifant à grande peine et grande douleur. Charles l'entend bien là-bas, et ses Francais aussi l'entendent. Le roi alors dit : « Ce cor a longue haleine ! » Naimes le duc répond : « Si le baron s'en donne la peine, c'est qu'il livre bataille, voilà mon avis. Celui-là même l'a trahi, qui vous conseille de le laisser tomber. Revêtez vos armures, criez votre cri d'armes et allez porter secours à votre armée vaillante ! Ah ! vous entendez bien que Roland se démène ! »

136 L'empereur à son tour fait sonner tous ses cors. Les Français descendent de cheval et se revêtent de hauberts, de heaumes et d'épées garnies d'or. Ils ont de beaux écus et des épieux forts et grands et des bannières blanc, vermeil et bleu. Puis tous les barons de l'armée montent à cheval. Ils éperonnent leurs montures tout au long de leur parcours dans les défilés. Il n'en est pas un seul qui à l'autre ne dise : « Puissions-nous voir Roland avant qu'il meure ! Et avec lui nous porterons de grands coups ! » Mais à quoi bon ? Ils ont trop tardé déjà.

137 Le jour et la vêprée se font clairs. Sous le soleil reluisent les armures. Les hauberts et les heaumes jettent de grandes lueurs ainsi que les écus peints de fleurons, et les épieux et les lances dorées. L'empereur chevauche plein de colère avec ses Français angoissés et furieux. Il n'en est pas un seul qui ne pleure fortement, car chacun s'inquiète du sort de Roland. Le roi a fait saisir Ganelon le comte et l'a remis aux cuisiniers de sa maison.

Il appelle le maître d'entre eux, Besgon, et lui dit : « Garde-le-moi bien ! tout comme on ferait d'un traître, car c'est bien lui qui a trahi mon armée. » Et Besgon le reçoit et l'envoie parmi les cent compagnons de la cuisine où se trouvent les meilleurs et les pires. Ils lui arrachent les poils de sa barbe et de ses moustaches. Chacun le frappe de quatre coups de poing, puis tous le battent de bois et de bâtons, lui mettent une chaîne au cou et l'encagent comme on ferait d'un ours. Et pour son déshonneur on le met sur une bête de somme. Ainsi le gardent-ils jusqu'au retour de Charles.

138 Hautes sont les montagnes et ténébreuses et vastes, les vallées profondes et les eaux en tumulte. Les clairons sonnent et derrière et devant : tous répondent à l'olifant. L'empereur chevauche plein de colère, et les Français angoissés et furieux. Il n'en est pas un seul qui ne pleure et ne se lamente. Tous prient Dieu de veiller sur Roland jusqu'à ce que l'armée parvienne au champ de combat : alors avec lui frapperont-ils vraiment. Mais à quoi bon ? Rien ne sert plus, car ils ont trop tardé déjà et ne pourront y être à temps.

139 Plein d'un très grand courroux, le roi Charles chevauche. Sur sa brogne sa barbe blanche ondule. Tous les barons de France piquent leurs chevaux. Il n'en est pas un seul qui ne se démène avec colère et ne désire être auprès de Roland le capitaine qui se défend contre les Sarrasins d'Espagne. Mais Roland est blessé, je ne crois pas que son âme reste encore avec lui davantage. Dieu ! il n'y a plus que soixante hommes en sa compagnie ! Mais roi ni capitaine n'en eut jamais de meilleurs.

140 Roland regarde vers les monts et les collines : de ceux de France il en voit tant qui gisent morts ! Il les pleure en bon chevalier : « Seigneurs barons, Dieu ait pitié de vous ! À toutes vos âmes qu'Il ouvre le paradis et qu'Il les fasse reposer parmi les saintes fleurs, car jamais je ne vis de meilleurs fidèles que vous. Si longtemps, en tout lieu, vous m'avez servi ! Et vous avez conquis pour le roi Charles de si grands pays ! L'empereur vous a nourris pour son propre malheur. Et vous, terre de France, vous êtes un doux pays ! Mais en ce jour vous vous trouvez déserte. Barons français, je vous vois bien mourir pour moi qui ne peux ni vous sauver ni vous défendre. Dieu vous soit en aide ! Olivier, frère, je ne dois plus vous faillir. Je mourrai de douleur si on ne me tue pas avant. Sire compagnon, retournons au combat ! »

141 Roland le comte est retourné sur le champ. Il brandit Durendal et frappe comme un bon chevalier. Il a décapité Faldron de Pui et vingt-quatre des mieux prisés. Jamais homme ne voulut autant se venger. Ainsi que va le cerf devant les chiens, devant Roland vont fuyant les païens. L'archevêque dit alors : « Vous faites bien ! C'est une telle valeur que doit avoir un chevalier portant de bonnes armes et montant un bon cheval. Au combat il doit être fort et fier, sans quoi il ne vaut pas quatre deniers et ferait mieux plutôt de se faire moine en quelque monastère et prier là tous les jours pour nos péchés à nous ! » Roland répond : « Frappez ! Ne les épargnez pas ! » À ces mots les Francs recommencent le combat. Mais il y eut grande perte chez les chrétiens.

142 Celui qui sait bien qu'il n'y aura pas de prisonniers, celui-là en un tel combat se défend violemment. Voilà pourquoi les Francs sont fiers ainsi que des lions. Voici Marsile qui s'avance comme un vrai baron. Il monte un cheval nommé Gaignon. Il l'éperonne bien et va frapper Bevon, sire de Beaune et de Dijon. Il lui brise l'écu, lui déchire le heaume, si bien qu'il l'abat mort sans autre forme de combat. Puis il tue Yvoire et Yvon et avec eux Gérard de Roussillon. Roland le comte n'est guère loin de lui et lui dit : « Dieu te donne tous les maux ! Car à grand tort tu m'as tué mes compagnons ! Mais tu en recevras un coup avant même que nous nous quittions. Ce jour même tu sauras le nom de mon épée. » Puis en vrai chevalier il court frapper le roi et lui tranche le poing droit. Il va ensuite décapiter Jurfaleu le Blond, le fils du roi Marsile. Les païens crient : « Aide-nous, Mahomet ! Et vous tous, nos dieux, vengez-nous de Charles ! Il nous a sur ce champ laissé de tels félons qu'ils ne quitteront pas le combat, dûssent-ils y mourir. » L'un dit à l'autre : « Eh ! Allons-nous-en ! » À ces mots cent mille païens s'enfuient. Les rappellerait-on, qu'ils ne reviendraient pas.

143 Mais à quoi bon fuir ? Si le roi Marsile s'est enfui, son oncle est resté, lui, Marganice seigneur de Carthage, d'Alfrere, de Garmalie et d'Éthiopie, une terre maudite. Il a sous ses bannières l'armée des Noirs ; ils ont un grand nez et des oreilles larges et sont là plus de cinquante milliers. Ils chevauchent fièrement et avec fureur, puis ils poussent le cri d'armes païen. Roland dit : « Ici nous recevrons le martyre, car je sais bien que nous n'avons plus guère à vivre. Mais qu'il soit appelé traître celui qui d'abord ne se vendra pas cher ! Frappez, seigneurs, de vos épées fourbies ! Disputez et vos morts et vos vies, afin que douce France ne soit à cause de nous méprisée ! Quand sur ce champ arrivera l'empereur notre roi et qu'il verra le sort que nous avons fait aux Sarrasins et que pour un des nôtres il en trouvera quinze de morts, il ne laissera pas de nous en bénir. »

144 Quand Roland voit les adversaires qui sont plus noirs que l'encre et n'ont de blanc que sur les dents, il dit : « Or je le sais bien : c'est maintenant que nous devrons mourir, j'en suis certain. Frappez, Français, je vous le commande ! » Olivier dit : « Que le plus lent soit rejeté ! » À ces mots les Français frappent aveuglément.

145 Quand les païens s'aperçoivent qu'il y a si peu de Français, ils en conçoivent un grand orgueil et un grand réconfort. L'un dit à l'autre : « L'empereur est dans le tort ! » Marganice monte un cheval jaunâtre ; il le pique bien de ses éperons dorés, frappe Olivier par-derrière en plein dos et lui pourfend le blanc haubert jusqu'à la chair. Puis il lui transperce la poitrine de son épieu et dit ensuite : « Vous avez pris là un dur coup ! Charles le Grand vous laissa en ces cols pour votre malheur ! Il nous a déjà fait grand tort, il n'est pas juste qu'on l'en loue, car sur vous seul j'ai bien vengé les nôtres ! »

146 Olivier sent bien qu'il est frappé à mort. Il brandit Hauteclaire dont l'acier est luisant et

frappe Marganice sur son heaume d'or fin dont il fait
sauter les fleurons et les cristaux, puis lui fracasse le crâne
jusqu'aux dents de devant. Il tourne alors sa lame et l'abat
mort en disant : « Païen, maudit sois-tu ! Il n'est pas dit
que Charles n'ait rien perdu ici, mais toi, tu n'iras pas te
vanter auprès des femmes et des dames du royaume d'où
tu viens de m'avoir dérobé un seul vaillant denier, ni
d'avoir fait du tort à moi ou à un autre ! » Puis il appelle
Roland à l'aide.

147 Olivier sent bien qu'il est blessé à mort. Jamais
plus il ne lui sera possible de se venger. Dans la
mêlée du bataillon il frappe comme un noble chevalier,
brise des lances et des boucliers, tranche des poings et des
pieds, des selles et des côtes. Qui l'eût alors vu démembrer
les Sarrasins jetant un mort sur l'autre eût gardé le souvenir
d'un vrai bon chevalier. Il ne veut non plus oublier le cri
d'armes de Charles : « Montjoie ! » crie-t-il haut et clair. Il
appelle Roland son ami et son pair : « Sire compagnon,
approchez-vous de moi, car à grande douleur aujourd'hui
serons-nous séparés. »

148 Roland regarde Olivier au visage : il est terne
et blêmi, décoloré et pâle. Son sang tout clair
lui coule sur le corps, et les gouttes en tombent sur le sol.
« Dieu ! dit Roland le comte, je ne sais plus que faire !
Sire compagnon, quel dommage pour votre vaillance !
Jamais nul homme ne pourra vous remplacer ! Ah ! douce
France, comme tu resteras aujourd'hui décimée de tes
barons, humiliée et déchue ! L'empereur en aura grand
dommage... » À ces mots Roland s'évanouit sur sa
monture.

149 Voilà Roland évanoui, renversé sur sa monture. Et Olivier blessé à mort. Il a tant saigné que ses yeux en sont troubles : ni de près ni de loin il ne voit assez clair pour pouvoir reconnaître nul homme mortel. Quand il bute sur son compagnon il le frappe sur son heaume serti d'or, le lui fend jusqu'au nasal, mais ne l'a pas atteint à la tête. À ce coup Roland le regarde et lui demande d'une voix douce et suave : « Sire compagnon, le faites-vous de plein gré ? C'est moi, Roland, qui vous ai tant aimé. Vous ne m'aviez pourtant jamais défié. » Olivier dit : « Je vous entends parler maintenant ! Mais je ne vous vois plus. Que Dieu vous voie, Lui ! Et si je vous ai frappé, pardonnez-moi. » Roland répond : « Je n'en ai aucun mal. Je vous pardonne ici et devant Dieu. » À ces mots l'un vers l'autre ils s'élancent. C'est ainsi, dans ce geste d'amitié, qu'ils se sont séparés à jamais...

150 Olivier sait bien que la mort l'attend. Les deux yeux lui tournent dans la tête, il perd l'ouïe et la vue complètement. Il descend de cheval et s'étend sur la terre, puis tout haut il bat sa coulpe, vers le ciel tend ses deux mains jointes et prie Dieu de lui ouvrir le paradis, de bénir Charles et douce France et, plus que tous les hommes, Roland son compagnon. Le cœur soudain lui manque, sa visière retombe et tout son corps s'affaisse contre terre. Le comte est mort, il ne reste plus de vie en lui. Roland le noble pleure sur lui et gémit. Jamais sur terre n'entendrez-vous un homme aussi douloureux.

151 Roland voit bien que son ami est mort et qu'il gît là, le visage tourné contre terre. Très doucement alors, il se met à le pleurer : « Sire compagnon, quel malheur donc s'acharne contre votre hardiesse ! Ensemble nous avons vécu et des années et des jours ! Jamais tu ne me fis de mal, jamais je ne t'en fis non plus. Et puisque tu es mort maintenant, ma seule douleur est de vivre encore. » À ces mots le marquis s'évanouit sur son cheval nommé Veillantif. Mais il est retenu par ses étriers d'or fin : où qu'il penche il ne peut pas tomber.

152 Avant même que Roland fût revenu à lui, ranimé et remis sur pied, le grand désastre apparut devant ses yeux : tous les Français sont morts, il les a tous perdus, sauf l'archevêque et sauf Gautier de l'Hum qui vient de redescendre de la montagne où il a poursuivi ceux d'Espagne. Mais tous ses hommes là-bas sont morts, les païens les ont vaincus. Bon gré mal gré, Gautier s'est enfui dans la vallée et de là interpella Roland à son secours : « Eh ! noble comte, vaillant homme, où es-tu donc ? Jamais je n'eus peur là où tu te trouvais ! C'est moi, Gautier, le vainqueur de Maelgut et neveu du vieux Droon le chauve ! À cause de ma vaillance j'étais ton bras droit. Maintenant ma lance est brisée, mon écu percé, mon haubert démaillé et déchiré. Une épée sarrasine m'a traversé le corps. Bientôt je mourrai, mais je me serai vendu cher ! » À ces mots Roland l'a entendu. Il éperonne son cheval et court droit vers Gautier pour lui porter secours.

153 Roland regrette seulement de ne l'avoir entendu plus tôt. Dans le gros des troupes adverses il se met à frapper. De ceux d'Espagne il en a tué vingt, et Gautier six, et l'archevêque cinq. Les païens disent : « Ces hommes sont des traîtres ! Voyez, seigneurs, à ce qu'ils ne s'en retournent pas vivants ! Et qu'il soit traître aussi celui qui ne va pas les frapper, et qu'il soit lâche celui qui les laissera s'échapper ! » Ils recommencent alors à hurler et à crier, et de toutes parts reviennent les attaquer.

154 Roland le comte est un noble guerrier, Gautier de l'Hum un très bon chevalier, et l'archevêque un homme brave qui a fait ses preuves. Pour rien au monde l'un d'eux ne voudrait abandonner les autres. Dans le gros des troupes adverses ils frappent les païens. Mille Sarrasins soudain descendent de leurs chevaux et quarante mille autres y montent. Je sais bien qu'ils ont peur d'approcher : ils se contentent de leur lancer des épieux et des lances, des guivres et des dards, des museras, des couteaux et des flèches. Aux premiers coups, ils tuent Gautier. Turpin de Reims en a le bouclier tout transpercé, le heaume déchiré, et il est blessé aussi à la tête. Son haubert est rompu et démaillé, son corps est criblé de quatre épieux. Sous lui son destrier est mort. Et c'est grand deuil quand l'archevêque à son tour s'affaisse.

155 Turpin de Reims, quand il se voit renversé, le corps percé de quatre épieux, rapidement se ressaisit, le noble, et regardant Roland, il court vers lui en lui adressant ces mots : « Je ne suis pas vaincu ! Un bon vassal ne se rend pas aussi longtemps qu'il est en vie ! » Puis il tire Almace son épée d'acier luisant et dans le fort

de la mêlée frappe mille coups et plus. Plus tard Charles
dira qu'il n'avait épargné personne, car il trouva autour de
lui plus de quatre cents ennemis blessés, ou tués, ou complètement décapités. Ainsi le veut la Geste, ainsi le rap-
porte un survivant, le noble Gilles que Dieu protégea et
qui plus tard en fit une chronique au monastère de Laon.
Celui qui l'ignore n'entendra jamais rien à cette histoire.

156 Roland le comte se bat noblement. Mais son
corps est tout en sueur, il a très chaud. À la tête
il a grand mal et souffrance, car sa tempe s'est rompue
quand il a sonné l'olifant. Il voudrait bien savoir si
Charles viendra. De nouveau il tire son olifant et faiblement cette fois il en sonne. L'empereur s'arrête et
l'écoute : « Seigneurs, dit-il, la chose va très mal pour
nous ! Roland mon neveu en ce jour même nous quittera :
à l'entendre sonner je sais qu'il ne vivra guère longtemps.
Que celui qui veut y être à temps chevauche en toute
hâte ! Sonnez tout ce qu'il y a de clairons dans cette
armée ! » Soixante mille clairons soudain se mettent à
sonner si haut que les montagnes en résonnent et les
vallées en retentissent. Les païens écoutent et ne trouvent
pas la situation amusante. L'un dit à l'autre : « Déjà
Charles arrive sur nous ! »

157 Les païens disent alors : « L'empereur revient !
De ceux de France entendez sonner les clai-
rons ! Si Charles vient ici, il y aura grande perte chez les
nôtres. Et si Roland vit encore, notre guerre recommence ! Nous avons perdu l'Espagne notre terre ! » Puis
des meilleurs qu'on puisse trouver sur le champ, il s'en

rassemble quatre cents revêtus de leur heaume : à Roland ils vont livrer un combat dur et cruel. Le comte maintenant aura beaucoup à faire pour se défendre.

158 Roland le comte, quand il voit venir les païens, se fait plus fort et fier et ardent ; il ne leur cédera pas aussi longtemps qu'il vivra. Il monte son cheval nommé Veillantif, le pique de ses éperons d'or fin et court les assaillir tous au gros de la mêlée avec à ses côtés Turpin l'archevêque. L'un dit à l'autre : « Venez ça vite, ami ! De ceux de France nous entendons les cors : Charles revient, le roi puissant ! »

159 Roland le comte jamais n'aima les lâches, les orgueilleux, les mauvais hommes de basse extraction ni les chevaliers qui ne sont bons sujets. Il appelle alors Turpin l'archevêque : « Sire, vous êtes à pied et je suis à cheval. Par amitié pour vous, je m'arrêterai ici ; ensemble nous partagerons le meilleur et le pire. Je ne vous abandonnerai jamais pour nul homme de chair ! Nous allons tous deux rendre aux païens leur assaut ! Les meilleurs de tous les coups sont ceux de Durendal ! » Et l'archevêque dit : « Qu'il soit traître celui-là qui ne frappera pas bien ! Charles revient, qui nous vengera ! »

160 Les païens disent : « Nous sommes donc nés pour notre malheur ! Quel jour funeste s'est aujourd'hui levé sur nous ! Nous avons perdu déjà nos seigneurs et nos pairs. Et Charles le noble revient avec sa grande armée ! Déjà de ceux de France nous entendons

les claires trompettes. Grand est le bruit que fait leur cri
de " Montjoie ! " Roland le comte est d'un si grand courage que nul homme de chair jamais ne saurait le vaincre !
Lançons-lui des épieux, puis laissons-le seul sur le champ
du combat. » Ainsi firent-ils en lançant contre lui beaucoup de dards, de javelots, d'épieux, de lances et de
flèches empennées. Ils ont brisé et troué son écu, rompu
et démaillé son haubert, mais au corps n'ont jamais pu
l'atteindre. À Veillantif, toutefois, ils ont infligé plus de
trente blessures, si bien qu'ils l'ont laissé mort sous le
comte. Puis les païens prennent la fuite en laissant le
vaillant seul sur le champ du combat. Et Roland le comte
est resté seul, debout.

161 Les païens prennent la fuite, furieux et cour-
roucés. Vers l'Espagne ils s'empressent de
courir. Mais Roland le comte ne peut leur donner la
chasse ; il a perdu Veillantif son destrier et, contre son gré,
il est resté à pied. À Turpin l'archevêque il va porter
secours. Il lui délace son heaume d'or, le dévêt de son
haubert blanc et léger, puis lui enlève son bliaut en entier
avec les restes duquel il lui panse ses larges blessures.
Puis il le prend dans ses bras contre sa poitrine et sur
l'herbe verte le couche tendrement. Roland très doucement alors lui adresse ces mots : « Ah, gentil homme !
accordez-moi votre congé. Nos compagnons qui nous
étaient si chers sont tous morts maintenant : nous ne
devons pas pour cela les abandonner. Je veux aller les
chercher et les revoir encore, puis devant vous les déposer
côte à côte. » Et l'archevêque dit : « Allez et revenez ! Ce
champ est le vôtre, Dieu merci ! Le vôtre et le mien... »

162 Roland s'en va seul à travers les champs. Il cherche par les vallées et cherche par les monts. Il trouve ici Gérin et Gérier son compagnon, là Béranger et Oton, là encore Anséis et Samson, puis là-bas le vieux Gérard de Roussillon. Le baron les a pris un à un, est revenu vers l'archevêque et à ses genoux les a tous déposés côte à côte. L'archevêque ne peut se retenir de pleurer. Il lève sa main ct leur donne sa bénédiction en disant : « Pitié sur vous, seigneurs ! Que Dieu le Glorieux reçoive toutes vos âmes, qu'il les fasse reposer parmi les saintes fleurs du paradis ! Ma propre mort maintenant me tenaille. Jamais plus ne reverrai-je le puissant empereur. »

163 Roland repart ; de nouveau par les champs il va cueillir les morts. Il trouve Olivier son compagnon ; contre sa poitrine il l'étreint en le soutenant dans ses bras. Puis du mieux qu'il peut il revient vers l'archevêque et sur un bouclier il couche Olivier auprès des autres. L'archevêque l'absout et le bénit. C'est là que la douleur et la pitié redoublent. Roland dit : « Olivier beau compagnon, vous étiez fils de Régnier le duc qui régnait sur la marche jusqu'au val de Runers. Pour rompre une lance et percer un écu, pour vaincre les superbes et les abattre, pour soutenir et conseiller les prud'hommes, jamais en nulle terre il n'y eut de chevalier meilleur que vous ! »

164 Roland le comte, quand il voit morts ses pairs et Olivier qu'il aimait tant, s'attendrit et se met à pleurer. Son visage a perdu ses couleurs, et si grand est son deuil qu'il ne peut rester là. Malgré lui il tombe évanoui contre terre. Et l'archevêque dit : « Pitié sur vous, ô noble ! »

165 Quand l'archevêque voit Roland s'évanouir il en ressent une telle douleur que jamais il n'en eut de si grande. Il tend la main et prend l'olifant, car il y a près de Roncevaux un ruisseau d'eau limpide, et Turpin voudrait aller y en chercher un peu et en apporter à Roland. À petits pas, il se dirige tout chancelant vers le ruisseau. Mais il est si faible qu'il ne peut aller plus avant : il n'en a plus la force, il a perdu trop de sang. Avant même d'avoir parcouru un arpent sur le champ, le cœur lui manque, et l'archevêque s'affaisse contre terre. La mort maintenant le tenaille.

166 Roland le comte revient soudain à lui. Il se redresse sur ses pieds, mais il a grande douleur. Il regarde en avant et regarde derrière ; sur l'herbe verte parmi ses compagnons il voit là gémir le noble baron, Turpin l'archevêque, que Dieu avait envoyé à Reims en son nom. L'archevêque bat sa coulpe, regarde là-haut et vers le ciel lève ses deux mains jointes. C'est ainsi qu'il prie Dieu de lui ouvrir le paradis. Puis il est mort, Turpin le grand guerrier de Charles... Par ses grandes batailles et par ses très beaux sermons, en tout temps il s'était fait le champion de la guerre contre les Sarrasins. Que Dieu lui accorde sa sainte bénédiction !

167 Roland le comte voit l'archevêque étendu sur la terre : hors de son corps il voit ses entrailles répandues, sur son front la cervelle éclatée et entre les

deux épaules ses belles mains blanches croisées sur sa
poitrine. Selon la coutume de son pays, Roland sur lui
gémit à haute voix : « Ah ! gentil homme, chevalier de
bonne souche, aujourd'hui je te recommande au Glorieux
du ciel ! Jamais homme ne Le servit plus volontiers !
Jamais depuis les apôtres il n'y eut un tel prophète pour
maintenir Sa loi et y conduire les hommes. Que jamais
plus votre âme ne connaisse la souffrance ! Ah ! que du
paradis la porte lui soit ouverte ! »

168 Or Roland sent bien que sa mort est prochaine : par les oreilles sa cervelle s'est répan-
due. Il prie Dieu d'envoyer à ses pairs son secours et à lui
l'ange Gabriel. Et pour n'avoir rien à se reprocher il saisit
d'une main son olifant et de l'autre Durendal son épée,
s'éloigne à plus d'une portée d'arbalète et devers
l'Espagne s'en va dans un guéret. Là il monte sur un tertre
sous deux grands arbres où il y quatre perrons de marbre.
Mais sur l'herbe verte Roland soudainement tombe
terrassé : il s'est évanoui, car sa mort est prochaine.

169 Hautes sont les montagnes et les arbres très
hauts. Il y a là quatre perrons de marbre, mais
c'est sur l'herbe verte que Roland le comte s'est affaissé.
Un Sarrasin non loin de là l'épie : il feint d'être mort et
gît parmi les autres. Son corps et son visage sont ruisse-
lants de sang, mais il se dresse sur ses pieds et accourt en
toute hâte. Il est beau et fort et d'un très grand courage.
Dans son orgueil il conçoit soudain une mortelle rage, se
saisit de Roland, de son cor, de ses armes et laisse tomber
ces mots : « Le neveu de Charles est vaincu ! Et cette

épée, je la ramènerai en Arabie ! » Mais comme il la tirait, le comte reprit un peu sa connaissance.

170 Roland sent bien qu'on lui retire son épée. Il ouvre les yeux et dit ces mots : « À ce qu'il me semble vous n'êtes point des nôtres ! » Il tient son olifant qu'il ne voudrait jamais perdre. Il en frappe le païen sur son heaume gemmé d'or, et lui fracasse l'acier, la tête, les os et lui fait jaillir les deux yeux hors de tête. Puis à ses pieds il le renverse mort en disant : « Culvert de païen, comment as-tu donc osé me saisir ainsi, à tort ou à raison ? Qui entendra conter ton aventure te tiendra pour un fou ! Mon olifant en est tout fendu par le milieu, et l'or en est tombé ainsi que le cristal. »

171 Roland sent bien qu'il va perdre la vie : il s'efforce de se tenir debout du mieux qu'il peut. Sur son visage la couleur est livide. Devant lui se trouve une pierre grise : de douleur et de colère il y frappe dix coups. L'acier crisse mais ne se brise ni ne s'ébrèche. « Ah ! dit le comte, sainte Marie, venez à mon aide ! Ah ! Durendal, ma bonne épée, pitié sur vous ! Car je vais mourir et ne pourrai plus me charger de vous ! Tant de batailles avec vous remportées sur les champs ! Tant de grandes terres conquises où règne aujourd'hui Charles à la barbe chenue ! Que jamais ne vous possède l'homme qui fuirait devant un autre ! C'est un très bon vassal qui vous a longtemps tenue ! Jamais il n'y en aura une pareille en terre libre de France ! »

172 Roland frappe sur le rocher de sardoine. L'acier crisse mais ne se brise ni ne s'ébrèche. Quand il voit qu'il ne peut faire éclater son épée, sur elle il se met à gémir : « Ah ! Durendal, comme tu es belle et claire et blanche ! Et contre le soleil, comme tu luis et flamboies ! Charles jadis se trouvait aux vallées de Moriane quand du ciel Dieu lui manda par un ange de te remettre à l'un de ses comtes capitaines. C'est alors qu'il m'en ceignit, le bon roi, le Magne. Puis je lui conquis l'Anjou et la Bretagne, le Poitou et le Maine ; je lui conquis la franche Normandie et la Provence et l'Aquitaine, la Lombardie et la Romagne entière. Je lui conquis aussi la Bavière et toutes les Flandres, la Bourgogne et la Pologne, et Constantinople dont il reçut le serment d'hommage, et la Saxe qui fait ce que le roi lui commande. Je lui conquis encore l'Écosse, le pays de Galles, l'Irlande et l'Angleterre qu'il a fait son bien propre. Je lui conquis tant de pays et tant de terres où règne Charles aujourd'hui, à la barbe blanchie ! Pour cette épée j'ai douleur et regret. Et mieux me vaut mourir que la laisser tomber aux mains des païens. Dieu, Père ! n'abandonnez surtout pas la France à cette honte ! »

173 Puis Roland frappe de nouveau sur une pierre grise. Il frappe même davantage que je ne sais vous dire. L'épée crisse toujours, mais ne se brise ni ne s'ébrèche : contre le ciel très haut elle rebondit. Quand le comte voit bien qu'il ne la brisera jamais, très doucement il s'en plaint en lui-même : « Ah ! Durendal, comme tu es belle et très sainte ! Dans ton pommeau d'or se trouvent maintes reliques : une dent de saint Pierre, du sang de saint Basile, des cheveux de mon seigneur saint Denis et une pièce du vêtement de sainte Marie. Il n'est pas juste que les païens t'acquièrent. Par des chrétiens seuls, dois-tu être servie ! Que jamais ne te possède l'homme qui serait lâche ! Avec toi j'aurai conquis de très vastes terres où règne Charles à la barbe fleurie, et l'empereur en est riche et puissant. »

174 Roland sent bien que la mort va le prendre tout entier : elle circule en lui de la tête jusqu'au cœur. Sous un pin il est allé trouver refuge ; sur l'herbe verte il s'est étendu de tout son long et sous lui il a placé l'épée et l'olifant. Puis il tourne son regard vers la gent païenne pour que Charles et les siens puissent dire : « Il est mort en vainqueur, le noble comte ! » Il bat sa coulpe faiblement mais sans relâche ; pour ses fautes il offre à Dieu son gant.

175 Roland sent bien qu'il n'en a plus pour long-temps ; il est couché sur un tertre escarpé du côté de l'Espagne. D'une main il se frappe la poitrine : « Dieu ! *mea culpa* ! par ta grâce accorde-moi ton pardon pour les fautes petites et grandes que j'ai pu commettre depuis la première heure de ma naissance jusqu'à ce jour où me voici terrassé. » Puis il tend son gant droit vers Dieu. Et des anges venant du ciel descendent vers lui.

176 Roland le comte s'est étendu sous un pin ; vers l'Espagne il a tourné son visage. Il lui souvient alors de maintes choses : de tant de terres qu'il a con-quises, de douce France, des hommes de son lignage, de Charlemagne son seigneur qui l'a élevé. Il ne peut s'empêcher de pleurer, de soupirer. Mais il ne veut pas non plus se mettre lui-même en oubli : il bat sa coulpe et demande à Dieu pardon : « Vrai Père, qui jamais ne mentez ! Vous qui avez rappelé saint Lazare d'entre les morts, Vous qui avez sauvé Daniel des lions, gardez mon âme de tout péril pour les fautes que j'ai commises en ma vie ! » Puis à Dieu il offre son gant droit que saint Gabriel reçoit en sa propre main. Sur son bras il tient sa tête inclinée et, mains jointes, s'en va vers sa fin. Dieu lui envoie son ange Chérubin et saint Michel du Péril ; avec eux y vient saint Gabriel, et là, tous trois, ils portent l'âme du comte en paradis...

177 Roland est mort ; Dieu a reçu son âme dans les cieux. Et l'empereur enfin parvient à Roncevaux. Il n'y a ni voie, ni chemin, ni terrain vague, ni une aune, ni un seul bout de terre où ne gise soit un Français, soit un païen. Charles s'écrie : « Où êtes-vous, beau neveu ? Où est l'archevêque ? Et Olivier le comte ? Où est Gérin ? Et Gérier son compagnon ? Où est Oton ? Et Béranger le comte ? Yvon et Yvoire que je chérissais tant ? Qu'est devenu Engelier le Gascon ? Samson le duc ? Et Anséis le noble ? Où est le vieux Gérard de Roussillon ? Les douze pairs que je vous ai confiés ? » Mais à quoi bon, quand aucun d'eux ne saurait plus répondre ! « Dieu ! dit le roi, comme j'ai bien raison de m'affliger de n'être pas venu dès le début du combat ! » Il tire sa barbe comme un homme en colère ; et ses chevaliers pleurent des yeux. Contre terre vingt milliers se sont évanouis. Et Naimes le duc en a grande pitié.

178 Il n'est chevalier ni baron qui de pitié ne pleure très douloureusement. Ils pleurent leurs fils, leurs frères, leurs neveux, leurs amis ou leurs seigneurs légitimes. Plusieurs s'affaissent même contre terre. Devant ce spectacle Naimes le duc agit en preux, qui le premier dit à l'empereur : « Voyez là-bas à deux lieues devant nous les grands chemins soulevés de poussière où s'enfuit l'armée païenne ! Or donc, chevauchez ! Et vengez cette douleur ! » « Ah, Dieu ! dit Charles, ils sont déjà si loin ! Consentez-moi et l'honneur et le droit de cette vengeance. De douce France ils m'ont ravi la fleur ! » Le roi ordonne alors à Gébouin, à Oton, à Thibaut de Reims et à Milon le comte : « Gardez les champs et les vallées et les montagnes. Laissez là les morts tout comme ils sont maintenant. Et que nulle bête, ni lion, ni écuyer, ni palefrenier ne leur touche, je vous l'ordonne, jusqu'à ce que Dieu veuille que nous revenions sur ces champs. » Et ils répondent doucement par amitié : « Noble empereur, cher sire, nous ferons comme vous dites ! » Puis ils gardent avec eux mille chevaliers des leurs.

179 L'empereur fait sonner les clairons, puis il chevauche, le noble, avec sa grande armée. De ceux d'Espagne ils ont fait tourner le dos ; ils les pourchassent sans fin d'une commune ardeur. Et quand le roi voit la nuit approcher il descend en un pré sur l'herbe et prie Dieu d'arrêter pour lui la marche du soleil, de retarder la nuit, de prolonger le jour. Voici l'ange qui d'ordinaire vient parler à l'empereur ; aussitôt il lui commande : « Charles, chevauche encore ! Et la clarté ne te fera point défaut. Dieu sait bien que tu as perdu la fleur de France.

Tu pourras te venger de la gent criminelle. » À ces mots
l'empereur remonte sur son cheval.

180 Pour Charlemagne Dieu fit un miracle très
grand, car à l'instant le soleil s'arrêta dans sa
course. Les païens fuient et les Francs les pourchassent.
Au val Ténébreux ils les atteignent enfin. Vers Saragosse
ils les poursuivent, les massacrent à grands coups, leur
coupent les voies et les plus grands chemins. L'eau de
l'Èbre soudain est devant eux, très profonde, sinistre et
violente : mais il n'y a là ni barge, ni barque, ni chaland.
Les païens alors invoquent l'un de leurs dieux, Tervagan,
et se jettent à l'eau. Mais ils n'y trouvent point leur salut ;
ceux qui portent des armures sont les plus lourds ;
quelques-uns piquent vers le fond, d'autres s'en vont
flottant à la dérive, la plupart en boivent pour leur coup :
tous finalement se noient dans d'horribles tourments. Les
Français s'écrient : « Pitié sur vous, Roland ! »

181 Quand Charles voit que tous les païens sont
morts, les uns tués, les autres noyés, et que ses
chevaliers se partagent un très riche butin, alors le noble
roi descend de son cheval, se prosterne contre terre et
rend grâce à Dieu. Puis quand il se relève, le soleil est
couché. L'empereur dit : « Il est temps de dresser notre
camp. Il est trop tard pour retourner à Roncevaux. Nos
chevaux sont las et fatigués ; enlevez-leur les selles et les
courroies des freins qu'ils portent sur leur tête, et par les
champs laissez-les se rafraîchir. » Les Français répondent : « Sire, vous avez bien raison ! »

182 L'empereur fait dresser son campement. Les Français descendent sur la terre déserte ; à leurs chevaux ils enlèvent les selles, les freins d'or qu'ils portent à la bouche et leur livrent les prés où pousse l'herbe verte. On ne peut faire davantage pour eux, car celui qui est las dort déjà contre terre. Cette nuit-là on ne monta pas la garde.

183 L'empereur s'est endormi dans un pré. Le noble a posé près de sa tête son grand épieu. Cette nuit-là il ne voulut point se désarmer. Il a revêtu son heaume gemmé d'or et à son flanc a ceint Joyeuse, son épée qui n'eut jamais sa pareille : chaque jour elle jette trente clartés diverses. Nous avons déjà entendu parler de la lance dont Notre Seigneur fut sur la croix transpercé, eh bien ! grâce à Dieu, Charles en possède le fer qu'il a fait enchâsser dans le pommeau doré. À cause de cet honneur et de cette grâce, le nom de Joyeuse à l'épée fut donné. Les barons français ne doivent jamais oublier non plus que c'est là l'origine du cri de Montjoie devant lequel nul peuple ne peut résister.

184 Claire est la nuit, et brillante la lune. Charles est couché mais il est pris de douleur en pensant à Roland, et le regret d'Olivier lui pèse lourdement ainsi que le regret des douze pairs et de tous les Francs qu'il a laissés là-bas à Roncevaux, morts et couverts de sang. Il ne peut se retenir de pleurer, de gémir ; il prie Dieu de sauver leurs âmes. Las est le roi car sa peine est très grande. Et n'en pouvant plus guère, il s'endormit. Par tous les prés aussi sont endormis les Francs. Il n'est un

seul cheval qui se puisse tenir debout : celui qui veut de
l'herbe la broute tout étendu. C'est ainsi qu'il apprend
beaucoup celui qui connaît la souffrance.

185 Charles dort comme un homme tourmenté.
Mais Dieu a délégué saint Gabriel pour qu'il
veille sur l'empereur ; et toute la nuit l'ange se tient à son
chevet. En songe il lui annonce une bataille qui lui sera
bientôt livrée et lui en montre les sinistres présages.
Charles regarde en haut vers le ciel, il y voit des tonnerres
et des vents et des grêles, des orages et de violentes
tempêtes, du feu et de la flamme où tout se mêle pour
fondre ensuite sur son armée... Les lances de frêne et de
pommier alors s'embrasent ainsi que les écus jusqu'aux
boucles d'or pur. Le bois des épieux tranchants vole en
éclats, les hauberts et les heaumes d'acier se tordent. Puis
l'empereur voit ses chevaliers en grande détresse : des
ours et des léopards veulent les dévorer ainsi que des
serpents, des guivres, des dragons, des démons et plus de
trente mille griffons qui tous se jettent sur les Français. Et
les Français s'écrient : « Charlemagne, venez à notre
aide ! » Le roi en a douleur et pitié ; il voudrait bien s'y
rendre mais il en est empêché, car du fond d'une forêt
vers lui s'avance un énorme lion très cruel, terrible et
farouche qui s'attaque et s'en prend à l'empereur
lui-même ; tous deux alors en viennent aux prises pour
lutter. Mais nul ne saurait dire lequel terrasse et lequel
tombe. Et l'empereur ne s'est pas éveillé...

186 Après ce songe, un autre songe lui vint : le roi
se trouve en France à Aix sur un perron et tient

un ours en laisse par deux chaînes. Devers l'Ardenne il voit venir une trentaine d'ours, chacun ayant pouvoir de parole comme s'il était un homme. Ils lui disent : « Sire, rendez-nous celui-là ! Il n'est pas juste qu'il soit plus longtemps en votre possession. Et nous devons porter secours à notre semblable. » Mais soudain de son palais un lévrier accourt qui sur l'herbe verte s'attaque au plus fort des ours devant ses autres compagnons. Là le roi contemple ce terrible combat. Mais on ne sait toujours pas lequel est vainqueur et lequel est vaincu. Et Charles dort toujours jusqu'au jour clair du lendemain matin...

187 Le roi Marsile pendant ce temps s'enfuit vers Saragosse. Sous l'ombre d'un olivier il est descendu de son cheval. Il dépose là son épée, son heaume et sa brogne, puis sur l'herbe verte s'étend piteusement. Il a perdu sa main droite ; à cause du sang qui jaillit il s'angoisse et s'évanouit. Devant lui Bramimonde son épouse pleure et gémit et se lamente très hautement. Avec elle plus de vingt mille hommes maudissent Charles et douce France. Vers Apollin ils courent en une crypte, le tancent et l'accablent d'injures de la plus mauvaise façon : « Ah ! mauvais dieu ! Pourquoi nous fais-tu une telle honte ? Pourquoi as-tu laissé confondre notre roi ? À celui qui te sert bien tu donnes une mauvaise récompense. » Puis ils lui enlèvent son sceptre et sa couronne et par les mains le pendent à un gibet ; ils le piétinent ensuite après l'avoir renversé de son socle, battu et brisé à grands coups de bâton. À Tervagan ils enlèvent son escarboucle et jettent Mahomet dans un fossé où les porcs et les chiens le mordent et le piétinent.

188 Or Marsile est revenu de pâmoison. Il se fait transporter dans sa chambre voûtée, ornée de fresques et d'arabesques. Et là Bramimonde la reine le pleure, s'arrache les cheveux et se croit à jamais perdue. À haute voix elle s'écrie : « Ah ! Saragosse, comme te voilà aujourd'hui privée du bon roi qui régnait sur toi ! Nos dieux nous ont trahis, qui en bataille aujourd'hui nous ont failli. L'émir commettra une lâcheté s'il ne va pas lui-même anéantir cette armée audacieuse dont les guerriers sont si fiers qu'ils n'ont cure de leur vie ! L'empereur à la barbe fleurie est certes d'un grand courage mais aussi d'une grande légèreté ! Si on lui livre bataille il ne s'enfuira pas, lui ! C'est grand dommage qu'il n'y ait personne ici pour le tuer ! »

189 Pendant sept longues années, par sa grande puissance, l'empereur est resté en Espagne. Il y conquit des châteaux et maintes cités. Mais Marsile le roi lui résista toujours. Dès la première armée, Marsile avait fait sceller des lettres qu'il avait envoyées en Babylonie pour demander aide et secours à Baligant. Celui-ci est le très vieil émir qui vécut davantage que Virgile et Homère. Marsile le roi lui manda d'accourir à Saragosse pour lui porter secours, sans quoi il renverserait ses dieux et ses idoles qu'il adorait encore, recevrait la loi sainte des chrétiens et se ferait vassal de Charlemagne. Mais l'émir est très loin et il a déjà beaucoup tardé. Finalement il a mobilisé les peuples de ses quarante royaumes et fait appareiller ses grands vaisseaux, ses barques et ses barges, ses galères et ses navires de combat. Près d'Alexandrie se trouve un port de mer : il rassemble là toute sa flotte et en mai au premier jour de l'été il lance toutes ses armées sur la mer.

190 Grandes sont les armées de ces peuples ennemis qui cinglent à toutes voiles, et naviguent et sillonnent. Au faîte des mâts et sur les hautes proues maintes escarboucles et maintes lanternes scintillent et jettent d'en haut une telle clarté que par nuit la mer n'en est que plus belle. Et comme ils approchent des terres de l'Espagne c'est tout le pays qui reluit et s'illumine. Jusqu'à Marsile enfin la nouvelle parvient.

191 L'armée des païens ne veut plus attendre un seul instant. Ils quittent la mer, pénètrent en eaux douces, passent Marbrise, passent Marbrose et par l'Èbre remontent avec tous leurs navires. Maintes escarboucles et maintes lanternes luisent : toute la nuit elles donnent une immense clarté, puis ce jour même les vaisseaux parviennent enfin à Saragosse.

192 Clair est le jour, et le soleil luisant. L'émir est descendu de son vaisseau ; Espanelis l'accompagne à sa droite et dix-sept rois derrière lui le suivent : des comtes et des ducs, il y en a je ne sais combien ! Sous un laurier au milieu d'un champ sur l'herbe verte est étendue une étoffe de soie blanche sur laquelle on a dressé un trône tout d'ivoire. Le païen vient s'y asseoir pendant que les autres restent debout. Leur seigneur parla le premier : « Oyez, francs chevaliers vaillants ! Charles le roi, empereur des Francs, n'a le droit de manger que si je le lui commande ! Par toute l'Espagne il a livré une guerre très grande. En douce France maintenant je veux aller l'atteindre. Je ne le laisserai point de toute ma vie jusqu'à ce qu'il soit mort ou vaincu vivant ! » Sur son genou il frappe de son gant droit.

193 Et puisqu'il l'a dit, c'est qu'il se jure bien qu'il ne manquera pas pour tout l'or du monde d'aller lui-même à Aix, là où Charles tient d'ordinaire ses assises. Ses hommes l'en louent et l'y exhortent. Puis il fait venir deux de ses chevaliers, l'un est Clarifan et l'autre Clarian : « Vous êtes fils du roi Maltraien qui avait coutume de porter volontiers mes messages. Je vous commande donc d'aller à Saragosse et d'annoncer de ma part à Marsile que je suis arrivé pour l'aider dans sa guerre contre les Français et que si je les trouve, je leur livrerai moi-même une très dure bataille. Vous remettrez à Marsile ce gant brodé d'or que vous lui ferez passer au poing droit. Vous lui remettrez également ce bâton d'or pur. Et dites-lui bien de venir ici me rendre l'hommage de son fief. En France je me rendrai moi-même pour y combattre Charles, et s'il ne m'implore à mes pieds et ne renie la loi chrétienne, je lui ravirai sa couronne de sur la tête ! » Les païens répondent : « Sire, comme vous parlez bien ! »

194 Puis Baligant dit : « Or donc, barons, chevauchez ! Que l'un porte le gant et l'autre le bâton ! » Et ils répondent : « Cher sire, nous ferons comme vous dites ! » Tant chevauchent-ils qu'à Saragosse enfin ils entrent. Ils passent dix portes et traversent quatre ponts et toutes les rues où les bourgeois habitent. Dans la cité, comme ils approchent du sommet où se trouve le palais, ils entendent une grande clameur : tout le peuple païen est là qui pleure et crie, se démène et plaint ses dieux, Tervagan, Mahomet et Apollin, qui les ont abandonnés. Chacun dit à l'autre : « Malheureux ! qu'allons-nous devenir ? Sur nous s'acharne un grand fléau. Nous avons perdu Marsile le roi : Roland le comte lui a tranché le poing droit. Nous n'avons même plus Jurfaleu le Blond ! Toute l'Espagne bientôt tombera sous la domination des Francs ! » Les deux messagers descendent alors sur le perron.

195 Sous un olivier les deux messagers ont laissé leurs chevaux ; deux Sarrasins les ont pris par la bride. Et les messagers se tiennent l'un l'autre par le manteau et montent au palais. Puis, comme ils pénètrent en la chambre voûtée, ils font par amitié un salut assez mal venu : « Que Mahomet qui règne sur nous, et Tervagan et Apollin notre sire sauvent le roi et veillent sur la reine ! » À quoi Bramimonde répond : « J'entends là une bien grande sottise ! Ces dieux nôtres sont des traîtres ! À Roncevaux ils ont laissé tuer nos chevaliers, ils ont abandonné mon seigneur ! Il en a perdu son poing droit que Roland le puissant comte lui a tranché. Charles aura bientôt toute l'Espagne sous son pouvoir. Et moi, que vais-je devenir, malheureuse et pleine de douleur ? Hélas, n'y aurait-il donc personne ici pour m'enlever la vie ? »

196 Clarian dit : « Dame, ne parlez pas sur ce ton ! Nous sommes les envoyés du païen Baligant. Marsile est sauvé, il vous le promet. Baligant lui envoie ici son gant et son bâton. Sur l'Èbre nous avons quatre milliers de chalands, de barques et de barges, de galères rapides et tant de vaisseaux que je ne saurais vous dire combien. L'émir est riche et puissant ; en France il veut aller chercher Charlemagne et entend le ramener ou mort ou vaincu ! » Et Bramimonde lui dit : « Ce n'est pas la peine d'aller si loin ! Plus près d'ici encore trouverez-vous les Francs. Voilà sept ans déjà que l'empereur se trouve dans ces parages. Il est noble et vaillant ; il préférerait mourir plutôt que de fuir au combat. Il n'est roi sous le ciel qu'il ne considère comme un enfant. Charles ne craint nul homme qui soit vivant ! »

197 « Laissez tout ça ! dit Marsile le roi aux messagers, c'est à moi qu'il importe de vous adresser d'abord ! Vous voyez bien que je suis blessé à mort. Et je n'ai ni fils, ni fille, ni héritier. J'en avais un certes mais il a été tué hier soir. Dites à mon seigneur qu'il me vienne voir. L'émir a tout droit sur l'Espagne : je la lui laisse sans réserve, mais qu'il la défende ensuite contre les Français ! Et à propos de Charlemagne, j'aurais un bon conseil à lui donner : d'ici un mois il l'aura bien vaincu ! À Baligant vous remettrez les clefs de Saragosse ; dites-lui de ne pas repartir, s'il veut bien m'en croire ! » Et les messagers répondent : « Sire, vous dites vrai ! »

198 Puis Marsile ajouta : « Charles l'empereur m'a tué mes hommes, ravagé mon royaume, assiégé et pillé mes cités. Il vient précisément de passer la nuit sur les bords de l'Èbre à quelque sept lieues d'ici, si j'ai bien compté. Eh bien, dites à l'émir d'y conduire son armée ! Par vous je lui mande de livrer là une grande bataille. » Puis il leur remit les clefs de Saragosse. Les messagers le saluent tous deux, prennent congé de lui et s'éloignent sur ces mots.

199 Les deux messagers sont remontés à cheval. En toute hâte ils quittent la cité et tout pleins d'effroi arrivent auprès de Baligant à qui ils rendent les clefs de Saragosse. Baligant leur dit : « Et qu'avez-vous donc trouvé là-bas ? Mais où est Marsile que je vous avais fait mander ? » Clarian répond : « Il est blessé à mort. L'empereur hier passait les cols dans l'intention de rentrer en douce France. Par souci de grand honneur, il s'était formé une arrière-garde qu'il confia à son neveu Roland le comte. Olivier, les douze pairs et vingt milliers de ceux de France étaient restés avec lui tout en armes. Et Marsile le roi eut à leur livrer bataille, le noble. Il ne restait plus que lui et Roland sur le champ du combat quand de Durendal il lui asséna un tel coup qu'il lui détacha du corps le poing droit. Son fils est mort aussi, qu'il aimait tant, ainsi que les barons qu'il avait là conduits. Marsile, n'en pouvant plus, s'en revint en fuyant. Mais l'empereur le pourchassa violemment. Le roi vous demande maintenant de lui porter secours. Il remet en vos mains le royaume d'Espagne. » Et Baligant se met à réfléchir. Il a si grand deuil qu'il pense en perdre la raison.

200 « Seigneur émir, dit Clarian, à Roncevaux hier une bataille fut livrée. Roland y a trouvé la mort ainsi qu'Olivier et les douze pairs que Charles aimait tant. De leurs Français, vingt mille y ont trouvé la mort. Marsile le roi y a perdu son poing droit. Et l'empereur l'a violemment poursuivi : en ce royaume il ne reste plus un chevalier qui n'ait été tué ou noyé dans l'eau de l'Èbre. Sur ces rives les Français campent maintenant. En ce lieu-là, ils sont si près de nous que toute retraite leur serait impossible, si vous voulez m'en croire. » Baligant soudain en a le regard tout fier ; en son ardeur il s'est fait heureux et joyeux. De son trône il se relève en s'écriant : « Barons, ne tardez plus ! Quittez les vaisseaux, montez en selle et chevauchez ! Et s'il n'a déjà fui, le vieux Charlemagne, le roi Marsile en sera bientôt vengé ! Pour son poing droit coupé je lui livrerai la tête de l'empereur ! »

201 Les païens d'Arabie sont sortis de leurs vaisseaux. Ils montent sur des chevaux et des mulets et se mettent à chevaucher — qu'auraient-ils d'autre à faire ? L'émir, qui les a tous fait mettre en marche, appelle Gémalfin, un de ses fidèles : « Je te confie toutes mes armées. » Puis il monte sur son destrier brun et mène avec lui quatre ducs. Tant chevauchent-ils qu'à la fin ils arrivent à Saragosse. Sur un perron de marbre il descend pendant que quatre comtes lui tiennent l'étrier. Par les degrés il monte au palais. C'est Bramimonde là qui vient à sa rencontre : « Ah, malheureuse que je suis ! C'est à ma grande honte, sire, que j'ai perdu mon seigneur. » Puis elle tombe à ses pieds. L'émir la relève, et tous deux, en grande douleur, entrent dans la chambre du roi.

202 Marsile le roi, comme il voit venir Baligant, appelle deux Sarrasins d'Espagne : « Prenez-moi dans vos bras et redressez-moi ! » À son poing gauche il a mis un de ses gants : « Seigneur roi, émir, je vous remets toutes mes terres et Saragosse et le domaine attenant. Je me suis perdu et avec moi tout mon peuple ! » Baligant dit : « Ma douleur est d'autant plus grande que je ne peux m'attarder encore longtemps avec vous, car je sais bien que Charles m'attend là-bas. Néanmoins j'accepte votre gant. » À cause de la douleur qu'il a, il s'en est retourné tout en larmes. Par les degrés il descend du palais, monte à cheval et se dirige vers son armée. Tant chevauche-t-il qu'il est le premier devant ses troupes. De temps à autre il crie : « Venez, païens ! Déjà les Francs s'enfuient devant ! »

203 Au matin quand apparaît la première lueur de l'aube, Charles l'empereur s'est réveillé. Saint Gabriel, qui de la part de Dieu le garde, lève sa main et fait sur lui le signe. Le roi se lève et dépose ses armes ; ainsi par toute l'armée font tous les autres. Puis ils montent à cheval et chevauchent à toute allure par les longues voies et les larges chemins. Ils s'en vont voir à Roncevaux le désolant spectacle, là où il y eut bataille...

204 À Roncevaux enfin arrive Charles. À la vue de tous les morts qu'il trouve là, il se met à pleurer en disant aux Français : « Seigneurs, tenez le pas ! Moi, il faut que j'aille maintenant plus avant car je voudrais retrouver mon neveu. Il me souvient d'un jour à Aix lors d'une fête annuelle : mes vaillants chevaliers se vantaient de leurs grandes batailles et de leurs forts combats. J'entendis alors Roland affirmer que si jamais il devait mourir en royaume étranger, en avant de ses hommes et de ses pairs il irait se placer et tournerait son visage vers le pays ennemi et qu'ainsi, le noble, il finirait en vainqueur. » Plus loin qu'on peut lancer un javelot, bien au-delà des autres, l'empereur est monté sur une colline.

205 Pendant que l'empereur allait ainsi cherchant son neveu, il trouva dans le pré tant d'herbes et tant de fleurs, vermeilles du sang de nos barons ! Il en a pitié et ne peut se retenir de pleurer. Puis il arrive à l'ombre de deux arbres. Il reconnaît là, sur les trois perrons, les coups de Roland et, tout près, son neveu gisant sur l'herbe verte. Rien d'étonnant que Charles soit emporté par une atroce douleur : il descend de cheval, accourt auprès du comte et le soulève dans ses bras. Mais il a tant de chagrin qu'il s'évanouit là.

206 L'empereur lentement a repris connaissance, mais Naimes le duc et Acelin le comte, Geoffroi d'Anjou et Thiéry son frère relèvent le roi et vont l'asseoir sous un pin. Il regarde par terre et revoit de nouveau son neveu gisant. Tout doucement il se prend à le regretter : « Roland, ami, que Dieu ait pitié de toi ! Jamais nul homme ne vit un chevalier tel que toi pour livrer les batailles et remporter les victoires. Mon honneur maintenant s'en va à son déclin. » Charles ne peut s'empêcher de s'évanouir de nouveau.

207 Mais de nouveau Charles a repris connaissance. Quatre de ses barons le tiennent par les mains. Il regarde par terre et voit son neveu gisant : son corps est toujours beau mais son visage a perdu sa couleur, et ses yeux renversés sont tout pleins de ténèbres. Par amour et par fidélité Charles lui fait une complainte : « Roland, ami, que Dieu en paradis dépose ton âme parmi les fleurs et les saints glorieux ! C'est pour ton malheur que tu vins en Espagne ! Jamais il n'y aura de jour que je n'aie mal à cause de toi. Ah ! combien maintenant ma force et ma joie vont se mettre à décroître ! Je n'aurai plus personne pour soutenir mon honneur. Et je n'ai plus un seul ami sous le ciel. J'ai d'autres parents, certes, mais aucun n'est aussi preux que toi. » À pleines mains, il s'arrache les cheveux. Cent mille Francs avec lui en conçoivent si grande douleur qu'il n'en est pas un seul qui ne se répande en larmes, amèrement.

208 « Roland, ami, je m'en retournerai en France, et quand je serai à Laon, en ma chambre, de plusieurs royaumes viendront me voir les barons étrangers ; ils me demanderont : " Où est le comte capitaine ? " Et je leur dirai qu'il est mort en Espagne. C'est avec grande douleur désormais que je régnerai sur mon royaume. Il n'y aura de jour que je ne pleure et ne m'en plaigne ! »

209 « Roland, ami, ô vaillante, ô brillante jeunesse ! Quand je serai à Aix, en ma chapelle, des hommes viendront et me demanderont des nouvelles de toi. Et je leur en donnerai de terribles et cruelles : " Mon neveu est mort, qui tant fit de conquêtes ! " Contre

moi se soulèveront les Saxons et les Hongrois, et les Bul-
gares, et tant de peuples ennemis : les Romains et ceux de
Pouille, ceux de Palerme et tous ceux d'Afrique et de
Califerne. C'est alors que mes peines et mes souffrances
commenceront. Car qui donc alors guidera mes armées
avec ardeur puisqu'il est mort celui qui toujours nous con-
duisait à la victoire ? Ah, France ! comme te voilà déserte
maintenant ! Et j'en ai si grand deuil que je voudrais
n'être plus ! » Puis il arrache sa barbe blanche, et à deux
mains arrache aussi les cheveux de sa tête. Cent mille
Francs bientôt s'évanouissent contre terre.

210 « Roland, ami, que Dieu ait pitié de toi ! Et
que ton âme soit portée en paradis ! Celui qui
t'a tué a mis du même coup toute la France en exil ! Et
j'en ai si grand deuil que je ne veux plus vivre davantage !
Ah ! qui donc de ma maison voudrait m'enlever la vie ?
Que Dieu fasse qu'avant mon arrivée aux cols de Cize
mon âme soit séparée de mon corps ! Qu'elle soit portée
auprès des leurs et que ma chair repose auprès de la
leur ! » Ses yeux pleurent, il tire sa barbe blanche. Et Naimes le duc dit : « Si grande est la détresse de Charles ! »

211 Geoffroi d'Anjou dit : « Sire empereur, ne
vous abandonnez pas ainsi à la douleur ! Par
tout le champ faites chercher les nôtres que ceux d'Espagne en la bataille ont tués ! Dans une même crypte com-
mandez qu'on les porte ! » Et le roi dit : « Sonnez votre
cor ! »

212 Et Geoffroi d'Anjou a sonné son clairon. Et les Français accourent puisque Charles l'a commandé. Tous leurs amis qu'ils avaient trouvés morts, ils les portent maintenant dans une même crypte. Il y a là maints évêques et abbés, moines, chanoines et prêtres tonsurés : ensemble ils prononcent sur eux l'absoute et la bénédiction de Dieu. Puis ils font allumer la myrrhe et l'encens, et avec pompe encensent les morts et les font porter en grand honneur pour les descendre en terre. Puis ils les laissent là — qu'auraient-ils d'autre à faire maintenant ?

213 L'empereur fait monter la garde autour des corps de Roland, d'Olivier et de Turpin l'archevêque. Devant lui il fait ouvrir leur poitrine pour recueillir leur cœur sur une étoffe de soie. Puis on les dépose dans un cercueil blanc et l'on s'occupe ensuite des corps des barons. On met les seigneurs dans des peaux de cerf après les avoir arrosés d'aromates et de vin. Le roi commande alors à Thibaut et Gébouin : « Montez-les sur trois chars ! » Puis on les recouvre bien d'un drap de Galaza.

214 Charles prépare son retour quand soudain devant lui surgissent les troupes païennes. Du camp ennemi viennent vers lui deux messagers qui au nom de l'émir le provoquent au combat : « Roi orgueilleux, il n'est pas temps de partir ! Vois Baligant qui chevauche vers toi ! Ah ! ce soir nous saurons bien si tu as du courage ! » Charles s'en est pris à sa barbe, car il lui souvient du deuil et du désastre. Très fièrement alors il regarde toutes ses armées et s'écrie de sa voix haute et claire : « Barons français ! à cheval ! et aux armes ! »

215 L'empereur tout le premier se revêt. Rapidement il a revêtu sa brogne, lacé son heaume et ceint Joyeuse à son flanc, dont le soleil même n'éteint point la clarté. Il pend à son cou un écu de Biterne, saisit son épieu et brandit sa lance. Puis il monte sur son bon cheval Tencendour qu'il a conquis aux gués sous Marsonne quand il tua Malpalin de Narbonne. Il lâche alors les rênes de sa monture et maintes fois éperonne, prend son élan devant ses cent mille hommes, invoque Dieu et l'Apôtre de Rome.

216 Par tout le champ descendent ceux de France : plus de cent milliers se revêtent à la fois. Et ils ont des armures qui les protègent bien, des chevaux rapides et des armes très belles. Ils montent à cheval et font preuve de grande adresse. Et s'ils trouvent l'armée adverse, ils entendent bien livrer bataille. Leurs bannières sur les heaumes pendent, et Charles leur voit alors une si belle allure qu'il appelle Jozeran de Provence, Naimes le duc et Antelme de Mayence pour leur dire : « Un homme doit pouvoir se fier à de tels vassaux ! Bien sot celui qui au milieu d'eux irait désespérer ! Si les Arabes veulent toujours venir, je compte bien leur vendre chèrement la mort de Roland ! » Naimes le duc répond : « Que Dieu nous l'accorde ! »

217 Alors Charles fait venir Rabel et Guinemont et leur dit : « Seigneurs, je vous l'ordonne, prenez la place de Roland et d'Olivier. Que l'un porte l'épée et l'autre l'olifant, et chevauchez les premiers audevant des quinze mille Francs de nos plus vaillants chevaliers. Après eux en viendront tout autant, que conduiront Gébouin et Lorant. » Naimes le duc et Jozeran le comte font ensuite ranger en bel ordre tous les bataillons. S'ils trouvent jamais l'ennemi, il y aura là une très grande bataille.

218 Les premiers bataillons sont formés de Français, et après ces deux-là on en forme un troisième avec les guerriers de Bavière qu'on évalue à plus de vingt milliers : jamais ceux-là n'abandonneront le combat. Sous le ciel il n'est de peuple que Charles chérisse autant, hormis ceux de France, les conquérants de royaumes. C'est le comte Ogier le Danois qui les conduira, car voilà une bien fière compagnie !

219 Charles l'empereur a déjà trois bataillons à sa disposition. Naimes le duc en forme alors un quatrième avec des barons de grand courage, des Allemands d'Allemagne qu'on estime à vingt milliers. Ils sont bien pourvus de chevaux et d'armes et jamais ne fuiront le combat, dussent-ils y mourir. Herman le duc de Trace les mènera, lui qui mourrait plutôt que de commettre une lâcheté.

220 Naimes le duc et Jozeran forment encore un cinquième bataillon avec des Normands qu'on estime à près de vingt milliers. Ils ont de belles

armes et de bons chevaux rapides : jamais ils ne fuiront, dussent-ils y laisser leur vie. Sous le ciel il n'est peuple plus ardent au combat. Richard le Vieux les conduira au champ et il frappera de son épieu tranchant.

221 Puis un sixième bataillon est formé de Bretons qui sont là trente milliers. Ils chevauchent en vrais barons, leurs lances peintes et leurs bannières déployées. Leur seigneur s'appelle Eudon, lequel commande à Nevelon le comte, à Thibaud de Reims et à Oton le marquis : « Conduisez mes armées, je vous en fais présent ! »

222 C'est l'empereur lui-même qui a formé le sixième corps de bataille, et Naimes le duc ensuite forme le septième avec des Poitevins et des barons d'Auvergne : ils sont bien là près de quarante mille chevaliers, munis de très belles armes et montant de bons chevaux. C'est à l'écart qu'ils se rangent dans un vallon au pied d'un tertre, et là Charles les bénit de sa main droite. Jozeran et Godselme en prennent le commandement.

223 Et le huitième corps de bataille, Naimes l'a formé de Flamands et de barons de Frise au nombre de quarante mille chevaliers. Là où ils se trouveront, jamais ils n'abandonneront le combat. Le roi dit alors : « Ceux-là feront mon service ! » Rimbaud et Hamon de Galice se partagent le commandement en toute chevalerie.

224 Naimes et Jozeran ensuite ont constitué le neuvième bataillon avec des hommes de Lorraine et de Bourgogne : on compte plus de cinquante mille chevaliers, le heaume lacé, la brogne revêtue, l'épieu robuste et les hampes très courtes. Si les Arabes ne décident point de s'enfuir, ceux-là les frapperont à la première rencontre. C'est Thiéry le duc d'Argonne qui les conduira.

225 Enfin le dixième corps de bataillon est formé de barons de France. Ils sont cent mille de nos meilleurs capitaines. Ils ont des corps robustes et une fière allure ; leurs têtes sont fleuries et leurs barbes sont blanches. Ils ont revêtu leurs hauberts et leurs brognes doublées, ont ceint leurs épées de France et d'Espagne et ont mis à leur cou de beaux écus ornés de maints emblèmes. Puis ils sont montés à cheval et ont réclamé le combat tout en criant : « Montjoie ! » Charles se tient auprès d'eux. Geoffroi d'Anjou porte l'oriflamme qui du temps de saint Pierre s'appelait *la Romaine,* mais dont on a depuis changé le nom en celui de *Montjoie.*

226 L'empereur de son cheval descend. Sur l'herbe verte il se prosterne, le visage tourné vers le soleil levant. Là il invoque Dieu de tout son cœur : « Vrai Père, défends-moi en ce jour, Toi qui sauvas Jonas de la baleine qui l'avait avalé, Toi qui épargnas le roi de Ninive, Toi qui délivras Daniel d'un terrible tourment alors qu'on l'avait jeté dans une fosse de lions, Toi qui délivras aussi les trois enfants de la fournaise ardente ! Que Ton amour aujourd'hui me soit présent ! Par pitié accorde-moi, s'il Te plaît, de pouvoir venger la mort de

Roland mon neveu ! » C'est ainsi qu'il priait ; puis il se
releva, se signa du signe très puissant et remonta sur son
cheval rapide, cependant que Naimes et Jozeran lui
tenaient l'étrier. Alors il prend son écu et son épieu tranchant. Son corps est noble, robuste et de belle prestance ;
son visage est clair et rassuré. Il chevauche fièrement
cependant que derrière et devant résonnent les clairons
au-dessus desquels s'élève la plainte de l'olifant. Les
Français pleurent de pitié en songeant à Roland.

227 Très noblement chevauche l'empereur. Sur sa
brogne il a déployé sa barbe ; par amitié tous
les autres font de même : c'est à ce signe que cent mille
Français pourront se reconnaître. Ils franchissent maintenant les montagnes et les rochers les plus hauts, les
vallées profondes, les détroits terrifiants, puis ils sortent
des cols et des terres arides. Ils marchent vers l'Espagne
et bientôt dressent leur camp au milieu d'une plaine. Vers
Baligant sont revenus les éclaireurs : un Syrien lui fait
part de sa mission : « Nous avons vu Charles le roi
orgueilleux. Ses hommes sont fiers et ne sauraient lui faillir. Revêtez vos armures, car bientôt vous aurez à combattre ! » Baligant dit : « C'est l'heure d'être courageux !
Sonnez vos clairons, que mes païens le sachent ! »

228 Par toute l'armée résonnent les tambours, et
les buccins, et les clairons stridents. Les
païens alors descendent de cheval pour revêtir leurs
armures. L'émir ne veut plus attendre davantage : il revêt
sa brogne dont les pans sont safrés, lace son heaume
gemmé d'or et ceint son épée à son flanc droit. Par orgueil

il lui a trouvé un nom, car il a entendu parler de l'épée de
Charles ; il l'appelle Précieuse. Ce sera aussi le cri d'armes sur le champ de bataille : il le fait répéter par tous ses
chevaliers. Puis à son cou il pend un large et grand écu
dont la boucle dorée est bordée de cristal et la courroie en
bon cuir brodé. Baligant brandit son épieu qu'il appelle
Maltet dont la hampe est grosse comme une massue : le
fer seul suffirait à charger un mulet. Sur son destrier Baligant est monté cependant que Marcule d'Outremer lui
tenait l'étrier. Le noble a l'enfourchure très grande, les
flancs minces et les côtes robustes, la poitrine forte et bien
formée, les épaules larges et le regard très clair ; son
visage est fier et sa chevelure bouclée est aussi blanche
qu'une fleur en été. Il a souvent eu l'occasion d'éprouver
sa bravoure. Dieu ! quel baron il ferait s'il était chrétien !
Il éperonne son cheval et le sang jaillit tout clair ; il prend
son élan et franchit un fossé qui peut bien mesurer cinquante pieds. Les païens s'écrient alors : « Voilà celui qui
défendra nos frontières ! Nul Français ne viendra se
mesurer à lui sans y trouver la mort, qu'il le veuille ou
non ! Charles est bien sot de ne pas s'en être allé ! »

229

L'émir ressemble tout à fait à un baron : sa
barbe est blanche ainsi qu'une fleur. Il est très
savant dans sa foi païenne, et en bataille fier et orgueilleux. Son fils Malpramis est un excellent chevalier : il est
grand et fort et ressemble à ses ancêtres. À son père il dit :
« Sire, chevauchons ! je me demande si nous rejoindrons
jamais Charles ! » Et Baligant répond : « Nous le retrou-
verons bien ! car il est très courageux. En maintes gestes
on a parlé de lui avec force louanges. Mais il a perdu

Roland son neveu maintenant : il n'aura plus la force de tenir contre nous ! »

230 Puis Baligant ajoute : « Beau fils Malpramis, l'autre jour Roland le bon vassal fut tué, ainsi qu'Olivier le preux et le vaillant, les douze pairs que Charles aimait tant, et de ceux de France plus de vingt mille combattants. Tous les autres ne valent pas un gant pour moi ! L'empereur revient, c'est certain : mon messager le Syrien me l'a confirmé. Charles a formé dix bataillons considérables. Il a bien du courage celui qui là-bas sonne l'olifant, de même que son compagnon qui lui répond de son clairon strident. Ils chevauchent à la tête de quinze milliers de Francs, de jeunes chevaliers que Charles appelle " les enfants ". Après eux il y en a tout autant, qui frapperont très orgueilleusement. » Malpramis dit : « Accordez-moi l'honneur de frapper le premier coup. »

231 Baligant répond à son fils : « Malpramis, je vous accorde ce que vous m'avez demandé. Contre les Français bientôt vous irez frapper. Amenez avec vous Torleu le roi de Perse et Dapamort le roi des Leutis. Et si vous pouvez là mater le grand orgueil, je vous donnerai une partie de mon pays depuis Chériant jusqu'au Val Marchis. » Et Malpramis répond : « Sire, soyez-en remercié ! » Puis il s'avance et reçoit en récompense la terre qui fut jadis au roi Flurit. Mais à partir de cette heure, jamais Malpramis ne devait la voir, ni s'en investir, ni même en prendre possession.

232 L'émir chevauche parmi ses armées. Son fils le suit, qui a la taille très haute. Les rois Torleu et Dapamort forment rapidement plus de trente bataillons. Ils ont des chevaliers en grande quantité : le plus petit corps de bataille en compte cinquante mille. Le premier est composé de ceux de Butentrot, le second de Micéniens aux grosses têtes qui portent sur l'échine de leurs dos des soieries comme font les porcs ; le troisième est fait de Nubles et de Blos, le quatrième de Bruns et d'Esclavons, le cinquième de Sernes et de Sors, le sixième d'Arméniens et de Maures, le septième de ceux de Jéricho, le huitième est formé de Nègres et le neuvième de Gros tandis que le dixième est entièrement constitué de guerriers de Balide-la-Forte : c'est une armée qui ne voulut jamais bien faire. L'émir alors se met à jurer tant qu'il peut par les vertus et la personne de Mahomet : « Charles de France chevauche comme un sot ! Il y aura bataille s'il ne se dérobe ! Jamais plus il ne portera la couronne d'or sur sa tête ! »

233 Puis on forme encore dix autres bataillons : le premier de hideux Chananéens qui sont venus du Val Fuit, un second est formé de Turcs, un troisième de Perses, un quatrième de Picénois et de Persans, un cinquième de Solteras et d'Avers, puis un sixième d'Armalois et d'Euglès, un septième des guerriers de Samuel et un huitième de ceux de Bruise ; un neuvième encore est formé de Clavers et enfin un dixième d'Occians du désert : c'est un peuple qui ne sert pas Dieu, et jamais vous n'entendrez parler de plus félons qu'eux. Ils ont la peau aussi dure que le fer et n'ont besoin ni de heaumes ni de hauberts. À la bataille ils sont rudes et acharnés.

234 L'émir forme encore dix bataillons : le premier avec des géants de Malprose, le second avec des Huns et le troisième avec des Hongrois ; un quatrième est fait de ceux de Baldise-la-Longue, un cinquième de ceux de Val Penuse et le sixième des gens de Maruse ; le septième est constitué de Leus et d'Astrimoniens, le huitième d'Argoilliens et le neuvième de Clarbonnais, le dixième enfin des barbus de Fronde, un peuple rebelle à Dieu. La Geste de France dénombre trente corps de bataille. Grandes sont les armées où les clairons résonnent. Et les païens se mettent en marche comme de vrais guerriers.

235 L'émir est très puissant seigneur. Devant lui il a fait porter son dragon, l'étendard de Tervagan et de Mahomet et une bannière à l'effigie d'Apollin le traître. Dix Chananéens chevauchent tout autour en criant à voix haute ces mots : « Que celui qui veut être sauvé par nos dieux les invoque et les serve en toute humilité ! » Les païens courbent la tête et le menton, et leurs heaumes clairs se prosternent contre terre. Les Français disent : « Vous mourrez bientôt, traîtres ! Que ce jour voie enfin votre anéantissement ! Et que notre Dieu soutienne Charles puisque c'est en son nom que nous livrons cette bataille ! »

236 L'émir est homme d'un très grand savoir : auprès de lui il appelle son fils et les deux rois : « Seigneurs barons, chevauchez au-devant et conduisez tous mes corps de bataille. Mais des meilleurs j'en retiens trois auprès de moi : celui des Turcs, celui des

Armalois et celui des géants de Malprose. Ceux d'Occian resteront aussi avec moi : je les lâcherai sur Charles et ses Français. Et si l'empereur vient se mesurer à moi, il devra en perdre la tête de son corps ! Qu'il en soit bien averti car il n'aura nul autre recours ! »

237 Grandes sont les armées et splendides les bataillons. Entre les adversaires il n'y a nulle montagne, ni vallée, ni terre, ni forêt, ni bosquet, ni obstacle qui puisse obstruer la vue ; les ennemis s'entrevoient clairement sur un terrain à découvert. Baligant dit alors : « Or mon peuple, chevauchez pour engager la bataille ! » Amborres d'Oluferne porte au-devant les enseignes, et les païens crient : « Précieuse ! » Les Français eux s'écrient : « Que ce jour voie votre perte ! » Et ils reprennent leur cri de « Montjoie ! » L'empereur fait résonner ses clairons, et l'olifant au-dessus de tous les autres s'élève. Les païens disent : « L'armée de Charles est belle ! Nous aurons là une bataille dure et cruelle ! »

238 Vaste est la plaine et large la contrée. Les heaumes aux pierres serties d'or reluisent ainsi que les écus et les brognes safrées, les épieux et les bannières déployées. Les clairons sonnent et leurs voix sont très claires, et très haute est la plainte de l'olifant. L'émir appelle alors son frère Ganabeus roi de Florédie qui règne sur ce royaume jusqu'au Val Sevré. Il lui montre les bataillons de Charles : « Voyez l'orgueil de France la louée ! L'empereur chevauche très fièrement ; il est là-bas vers l'arrière en compagnie de ceux qui ont sur leur brogne répandu leur barbe, blanche ainsi que la neige sur la glace. Ceux-là frapperont avec leurs épées et leurs lances, et nous aurons une bataille dure et longue. Jamais personne n'aura vu un tel affrontement. » Plus loin qu'on peut lancer un bâton, Baligant s'est avancé au-devant de ses troupes ; il leur fait alors cette harangue : « Venez, païens, et je vous conduirai là-bas ! » Puis il brandit la hampe de son épieu et en pointe le fer vers Charles.

239 Charles le Grand, quand il voit l'émir et le dragon, l'enseigne et l'étendard et tous ceux d'Arabie en nombre si grand qu'ils recouvrent toute la contrée (c'est plus que l'empereur n'en a lui-même), alors le roi de France s'écrie très haut : « Barons français, vous êtes de bons vassaux ! Vous avez déjà livré tant de batailles ! Voyez ces païens, traîtres et lâches ! Toute leur loi ne leur vaut pas un seul denier ! Qu'importe, seigneurs, s'ils ont une grande armée ! Que celui qui ne veut pas me suivre sur le champ du combat s'en aille tout de suite ! » Puis de ses éperons d'or il pique son cheval, et Tencendour fait quatre bonds en avant. Les Français disent : « Ce roi est un vaillant ! Or chevauchez, barons, puisque nul d'entre vous ne veut nous faillir ! »

240 Clair est le jour et le soleil luisant. Les armées sont belles et les bataillons puissants. Les colonnes d'avant en sont déjà aux prises. Rabel le comte et Guineman le comte lâchent les rênes de leurs chevaux rapides et les éperonnent à toute allure. Les Français partent à la débâcle et vont frapper de leurs épieux tranchants.

241 Rabel le comte est hardi chevalier. Il pique son cheval de ses éperons d'or fin et court frapper Torleu le roi de Perse. Ni son écu ni sa brogne ne peuvent tenir le coup : Rabel lui plonge son épieu dans le corps, si bien qu'il l'abat mort dans un petit buisson. Les Français disent alors : « Dieu nous aide ! Charles a le bon droit, nous ne devons point lui faillir ! »

242 Et Guineman se mesure à un roi leutice. Il lui brise la targe ornée de fleurons et lui déchire la brogne en lui enfonçant sa lance dans le corps, si bien qu'il l'abat mort — qu'on en pleure ou qu'on en rie ! À ce coup ceux de France s'écrient : « Frappez, barons, ne tardez pas davantage ! Charles a le bon droit contre l'armée païenne ! Dieu nous a élus pour faire sa justice ! »

243 Malpramis monte un cheval tout blanc. Il se lance au milieu des Francs et va porter de temps à autre de grands coups renversant un mort sur l'autre. Le premier, Baligant crie : « Mes barons, vous que j'ai longtemps nourris ! voyez mon fils qui part à la quête de Charles. Sous ses armes tant de barons s'effondrent ! Je ne connais pas de meilleur vassal que lui ! Allez lui porter secours avec vos épieux tranchants ! » À ces mots, les païens s'élancent et vont porter de durs coups. La mêlée est alors très grande. Mais la bataille est merveilleuse et lourde : ni avant ni depuis n'en vit-on d'aussi dure.

244 Grandes sont les armées et fiers les bataillons. Tous les corps de bataille en sont

maintenant aux prises. Les païens y frappent mer-
veilleusement. Dieu ! tant de lances brisées en deux !
tant d'écus fracassés et tant de brognes démaillées!
Puissiez-vous en voir toute la terre jonchée, ainsi que
l'herbe du champ, verte et fragile ! L'émir alors harangue
ses fidèles : « Frappez, barons, sur l'armée des chrétiens ! » Le combat est très dur et acharné. Ni avant ni
depuis ne vit-on d'aussi forte bataille. Jusqu'à la nuit elle
durera sans trêve...

245 L'émir alors appelle sa gent : « Frappez,
païens ! vous n'êtes ici que pour cela ! Je
vous donnerai des femmes nobles et belles et vous donnerai des fiefs, et des honneurs, et des terres. » Les païens
répondent : « Nous devons bien faire ! » À force de
grands coups, ils perdent leurs épieux : c'est l'instant
qu'ils choisissent pour dégainer plus de cent mille épées.
Voilà une mêlée douloureuse et cruelle ! Celui qui s'y
trouve apprend enfin ce que c'est qu'une bataille !

246 L'empereur appelle ses Français : « Seigneurs
barons, je vous estime et j'ai foi en vous.
Vous avez pour moi jadis livré tant de batailles, conquis
tant de royaumes et détrôné tant de rois ! Je reconnais
vous en devoir une fière récompense : ma propre personne, mes terres et mes richesses. Vengez aujourd'hui
vos fils, vos frères et vos héritiers qui ont trouvé l'autre
soir la mort à Roncevaux. Vous savez bien déjà que le
droit est avec moi contre les païens ! » Et les Francs de
répondre : « Sire, vous dites vrai ! » Et vingt mille chevaliers s'attroupent autour de lui et tous lui jurent fidélité :

ils ne lui failliront ni dans la détresse ni dans la mort. Puis il n'en est un seul qui n'y emploie sa lance. Aussitôt ils se mettent à frapper de leurs épées. La bataille est alors traversée d'une affreuse détresse.

247 Par le champ chevauche Malpramis. De ceux de France il a déjà fait grand carnage. Naimes le duc le regarde fièrement et court le frapper en homme plein de courage. De son écu il fracasse la partie supérieure et déchire les deux flancs de son haubert avant de lui plonger tout entier dans le corps sa grande enseigne jaune, si bien qu'il l'abat mort parmi sept cents des autres.

248 Canebeus le roi, frère de l'émir, pique bien son cheval de ses éperons et brandit son épée au pommeau de cristal. Il frappe Naimes sur l'avant de son heaume et lui en déchire une moitié, puis avec son branc d'acier lui tranche cinq de ses mailles, si bien que le capuchon ne vaut plus un denier. Ensuite il lui fend le casque jusqu'à la chair et en fait tomber par terre un morceau. Mais le coup est si grand que le duc en reste foudroyé. Il se serait bien affaissé si Dieu ne lui était venu en aide. Il s'agrippe au cou de son destrier. Si le païen recommence de nouveau, le noble vassal mourra sans aucun doute. Mais Charles de France arrive à son secours.

249 Naimes le duc est en grande détresse. Et le païen se hâte de le frapper de nouveau. Charles lui crie : « Culvert ! Malheur à toi si tu frappes ! » et il court le frapper avec une grande ardeur : il lui brise l'écu qu'il lui écrase contre le cœur, puis lui déchire la ventaille de son haubert, si bien qu'il l'abat mort et que la selle reste vide.

250 Charlemagne le roi entre alors en grande douleur en voyant Naimes blessé devant lui et son sang clair qui coule sur l'herbe verte. L'empereur lui dit alors : « Naimes beau sire, chevauchez près de moi. Il est mort le traître qui vous mit dans un tel état : d'un coup je l'ai transpercé de mon épieu. » À quoi le duc répond : « Sire, je vous crois. Et si je vis encore quelque temps, vous y trouverez votre propre profit. » Puis par amitié et fidélité ils chevauchent côte à côte et avec eux vingt mille Français. Il n'en est pas un seul qui ne frappe et ne taille.

251 Par tout le champ chevauche l'émir, qui va frapper Guineman le comte. Contre le cœur il lui écrase son écu blanc, lui dérompt les pans de son haubert et lui tranche les flancs des deux côtés, si bien qu'il l'abat mort de son cheval rapide. Puis il court tuer Gébouin, Lorant et Richard le Vieux, seigneur des Normands. Les païens crient : « Précieuse est brave ! Frappez, barons, car nous avons là un ardent défenseur ! »

252 Puissiez-vous voir dans la mêlée les chevaliers d'Arabie, ceux d'Occian, ceux d'Argoilles et ceux de Bâcle ! De leurs épieux ils frappent juste et taillent bien. Les Français n'ont nullement l'envie de fuir. Beaucoup meurent d'un côté comme de l'autre. Et jusqu'à la vêprée la bataille se fait très dure. Des barons francs il y a grande perte. Et il y en aura encore davantage avant qu'ils ne repartent.

253 Arabes et Français frappent très bien. Les lances et les épieux fourbis se brisent. Et qui eût vu ces écus fracassés, qui eût entendu se briser ces heaumes blancs et se heurter ces écus sur ces heaumes, qui eût vu tomber tous ces chevaliers et hurler ces hommes mourant la face contre terre, celui-là garderait souvenir d'une grande douleur. Cette bataille est très dure à supporter. L'émir invoque alors Apollin, Tervagan et Mahomet aussi : « Ô mes dieux ! je vous ai bien servis. Et je vous dresserai bientôt des statues d'or fin. » Sur ces mots arrive devant lui un de ses fidèles, Gémalfin. Il lui porte de mauvaises nouvelles : « Baligant sire, vous êtes bien mal mené : vous venez de perdre Malpramis votre fils. Et Canabeus votre frère vient d'être aussi tué. La faute en revient à deux Français : l'un d'eux est l'empereur lui-même, je crois l'avoir reconnu à sa taille très haute, à son allure de marquis et à sa barbe blanche comme une fleur d'avril. » L'émir en défaille sous son heaume, et son visage s'assombrit. Il a tant de douleur qu'il en pense mourir. C'est alors qu'il appelle Jangleu d'Outremer.

254 L'émir dit : « Jangleu, avancez vers moi. Vous êtes brave et votre savoir est grand : j'ai souvent eu recours à vos conseils. Que vous en semble de la situation des Arabes et des Francs ? Aurons-nous la victoire sur ce champ ? » Et Jangleu répond : « Vous êtes déjà mort, Baligant ! Jamais vos dieux ne vous viendront en aide ! Charles est fier et ses hommes sont vaillants. Jamais je n'ai vu une armée aussi âpre au combat. Mais tout de même appelez les barons d'Occian, les Turcs et les

Enfruns, les Arabes et les Géants, et ne tardez pas davantage à faire ce qu'il convient de faire ! »

255 Sur sa poitrine l'émir a étalé sa barbe, blanche ainsi qu'une fleur d'aubépine. Quoi qu'il
advienne il ne veut pas se dérober. Il porte alors à sa
bouche un clair buccin, en sonne hautement, si bien que
tous ses païens l'entendent. Par tout le champ ses compagnies se rassemblent. Ceux d'Occian crient et hurlent et
les Argollois glapissent comme des chiens. Ils requièrent
les Francs avec une grande témérité, se jettent dans la
mêlée et réussissent à disperser l'armée de France. Du
coup ils abattent morts plus de sept mille hommes.

256 Ogier le comte jamais ne connut la lâcheté :
jamais meilleur vassal que lui ne revêtit la
brogne. Quand il voit les bataillons français céder, il
appelle Thiéry le duc d'Argonne, Geoffroi d'Anjou et
Jozeran le comte, et s'adresse très fièrement à Charles :
« Voyez comme les païens déciment vos hommes ! Ne
plaise à Dieu que vous portiez encore une couronne sur
votre tête si vous ne frappez point pour venger votre
honte ! » Et personne n'ose répondre un mot. Ils éperonnent à toute force, lâchent leurs chevaux et courent frapper les païens là où ils les trouvent.

257 Il frappe bien, Charlemagne le roi, ainsi que
Naimes le duc, et Ogier le Danois, et Geoffroi le porte-étendard ! Mais entre tous Ogier le Danois
est brave : il pique son cheval et le laisse courir au galop,

puis va frapper celui qui porte le dragon, si bien qu'il
écrase devant lui sur place et Ambure, et le dragon, et
l'enseigne du roi. Baligant voit alors sa bannière tomber
et l'étendard de Mahomet abandonné. L'émir commence à
s'apercevoir qu'il a peut-être tort et que Charlemagne est
dans son droit. Les païens d'Arabie se mettent à fuir.
L'empereur appelle ses Français : « Au nom de Dieu,
barons, dites-moi si vous voulez m'aider encore ? » Et les
Français répondent : « Pourquoi cette question ? Qu'il soit
traître celui qui ne frappera pas de toutes ses forces ! »

258 Passe le jour et la vêprée descend. Francs et
païens de leurs épées frappent toujours. Ils
sont braves ceux qui ont mis ces armées-là en présence !
Ils n'ont pas oublié leur cri : l'émir crie « Précieuse ! » et
Charles « Montjoie ! » ce cri d'armes célèbre. L'un reconnaît l'autre à sa voix haute et claire ; au milieu du champ
ils s'affrontent, se frappent et s'échangent de rudes coups.
De leurs épées ils se sont percé les écus et brisé les larges
boucles qui les retiennent. De leurs hauberts ils arrachent
les pans, mais ne parviennent pas à s'atteindre l'un l'autre
à la poitrine. Ils rompent les sangles et renversent leurs
montures ; les rois tombent et roulent par terre et se
redressent tout de suite sur leurs pieds. Très bravement ils
ont dégainé leurs épées. Ce combat ne s'achèvera point,
que l'un des deux ne tombe mort.

259 Il est très vaillant, Charles de douce France !
Il ne craint ni ne redoute l'émir. Ils brandis-
sent alors tous deux leurs épées nues et sur leurs écus
s'entredonnent de très grands coups. Ils tranchent les

courroies et le bois qui est double ; les clous en tombent et les boucles éclatent en pièces. Puis dans un corps à corps ils se frappent sur leurs brognes. De leurs heaumes clairs jaillissent des étincelles. Cette bataille durera aussi longtemps que l'un des deux n'aura pas reconnu son tort.

260 L'émir dit alors : « Charles ! Pensez-y bien ! Et prenez la résolution de vous repentir devant moi ! Vous avez tué mon fils, je le sais bien. Et c'est à grand tort que vous me disputez mon royaume. Devenez mon vassal et venez vous mettre à mon service en Orient ! » Et Charles de répondre : « Ce serait là une honte, à ce qu'il me semble. À un païen je ne dois rendre ni la paix ni l'amitié ! Reçois toi-même la loi que Dieu nous a transmise, la loi chrétienne, et ensuite je pourrai bien avoir de l'estime pour toi ! Puis tu serviras le Roi Tout-Puissant et tu croiras en Lui ! » Baligant dit : « Tu commences là un bien mauvais sermon ! » Puis ils se remettent à frapper des épées qu'ils ont ceintes.

261 L'émir fait preuve d'une grande vigueur. Il frappe Charlemagne sur son heaume d'acier brun dont il atteint le casque et le fend : l'épée descend jusqu'à ses cheveux et lui arrache un grand morceau de chair ; à cet endroit le crâne est resté nu. Charles chancelle, peu s'en faut qu'il ne tombe, mais Dieu ne permet pas qu'il soit tué ni même vaincu. Saint Gabriel alors descend vers lui et lui demande : « Grand roi, que fais-tu ? »

262 Et dès que Charles entend la sainte voix de l'ange il n'a plus peur et ne craint plus la mort. Il reprend vigueur et connaissance et court frapper l'émir de son épée de France. Il lui fracasse le heaume où les pierres scintillent, puis lui ouvre la tête d'où s'épand la cervelle et lui fend le visage jusqu'à sa barbe blanche, si bien qu'il l'abat mort sans nul recours possible. « Montjoie ! » s'écrie le roi pour qu'on le reconnaisse. À ce mot Naimes le duc accourt, saisit Tencendour et y fait monter le grand roi. Les païens s'enfuient, car Dieu ne permet pas qu'ils restent là davantage. Et c'est ainsi que les Français sont parvenus à leurs fins.

263 Les païens s'enfuient, car Dieu le veut ainsi. Les Francs les poursuivent en compagnie de l'empereur. Le roi dit alors : « Seigneurs, vengez vos deuils, apaisez vos colères et soulagez vos cœurs, car ce matin j'ai bien vu vos yeux pleurer. » Et les Francs de répondre : « Sire, ce nous sera facile ! » Puis chacun se met à frapper à grands coups tant qu'il peut. De ceux qui sont là devant, bien peu s'en réchappèrent.

264 Grande est la chaleur, et la poussière s'élève de toutes parts. Les païens s'enfuient et les Francs les pourchassent. Et la poursuite dure jusqu'à Saragosse. Au faîte de sa tour est montée Bramimonde et avec elle les clercs et les chanoines de cette fausse loi que jamais Dieu n'aima : ils ne reçoivent en effet ni ordres ni tonsure. Quand Bramimonde voit les Arabes en déroute, elle s'écrie à voix haute : « Mahomet, aidez-nous ! Ah ! bon roi, nos hommes sont déjà tous vaincus ! Et l'émir est

mort à notre grande honte. » Quand Marsile l'entend il se
détourne contre le mur, verse des larmes et frémit de tous
ses membres. Puis il meurt de douleur sous le poids de ses
fautes. Il rend son âme à des démons vivants.

265 Les païens sont morts, quelques-uns seulement fuient. Charles a gagné la bataille. Il
enfonce les portes de Saragosse, car il voit bien que la cité
est sans défense. Il s'empare donc de la ville avec ses
troupes qui bientôt y pénètrent : le droit de conquête leur
permet d'y passer la nuit. Fier est alors le roi à la barbe
chenue ! Bramimonde lui remet les tours, dix grandes et
cinquante petites. Celui qui reçoit l'aide de Dieu réussit
toujours ses exploits !

266 Passe le jour, et la nuit descend. La lune est
claire et les étoiles scintillent. L'empereur a
pris Saragosse. Mille Français fouillent par toute la cité
les synagogues et les mosquées. À coup de mailles de fer
et de cognées ils renversent les statues et toutes les
idoles : il n'en resta ni mauvais sort ni sortilège. Le roi
croit en Dieu et veut bien le servir. Ses évêques alors
bénissent les eaux et mènent les païens au baptistère. Si
quelqu'un là s'avise de contredire Charles, il le fait pen-
dre, ou brûler, ou tuer. Plus de cent mille reçoivent le vrai
baptême chrétien, mais la reine est mise à part. En douce
France elle sera menée captive : le roi préfère qu'elle se
convertisse de son plein gré.

267 Passe la nuit, et le jour se lève. À chaque tour
de Saragosse Charles a fait placer une garni-

son. Il laisse là mille vaillants chevaliers pour garder la cité en son nom. Puis le roi monte à cheval avec tous ses hommes et Bramimonde qu'il mène en sa prison ; mais il ne lui veut que du bien. Alors ils s'en retournent tous, remplis de joie et d'allégresse. Ils passent à Narbonne à toute allure et atteignent bientôt la cité merveilleuse de Bordeaux. Là sur l'autel du baron saint Sévrin, Charles dépose l'olifant rempli d'or et de mangons. Les pèlerins qui s'y rendent peuvent encore l'y voir. Puis le roi passe la Gironde sur de grands vaisseaux qui sont là et jusqu'à Blaye il conduit son neveu et Olivier son noble compagnon et l'archevêque qui fut sage et vaillant. En de blancs sarcophages il fait déposer les seigneurs. C'est en l'église Saint-Romain que gisent les barons. Les Francs alors les recommandent à Dieu et à son Saint Nom. Puis Charles chevauche par les vallées et les montagnes. Jusqu'à Aix il refuse de faire halte. Et tant chevauche-t-il qu'à la fin il descend sur les marches de son palais. Là, par des messagers, il fait mander les justiciers de son royaume : des Bavarois et des Saxons, des Lorrains et des Frisons, des Poitevins, des Normands et des Bretons et ceux de France parmi les plus sages. Et c'est alors que s'ouvre le procès de Ganelon.

268 L'empereur est rentré d'Espagne, il a regagné Aix, le plus haut lieu de France. Il monte en son palais et pénètre en la salle. Vers lui s'est approchée Aude la belle demoiselle. Elle demande au roi : « Où est Roland le capitaine qui promit de me prendre pour épouse ? » Charles en éprouve une lourde peine ; il tire sa barbe blanche, et ses yeux versent des larmes : « Sœur, chère amie, tu t'informes là d'un mort ! Mais je te donnerai Louis mon fils, je ne saurais mieux te dire. Il régnera bientôt sur les marches de mon royaume. » À quoi Aude répond : « Cette parole me paraît étrange ! Ne plaise à Dieu, ni à ses saints, ni à ses anges qu'après la mort de Roland je vive encore moi-même ! » Puis elle perd ses couleurs et s'affaisse aux pieds de Charlemagne. Elle est morte. Que Dieu ait pitié de son âme ! Les barons de France la pleurent et se lamentent de sa perte.

269 Aude la belle est allée vers sa fin. Le roi croyait pourtant bien qu'elle ne s'était qu'évanouie. L'empereur est saisi de pitié et en pleure à son tour. Il lui prend les mains et la relève, mais sa tête déjà s'incline sur son épaule. Quand Charles la voit morte il fait mander de suite quatre comtesses pour la porter dans un couvent de religieuses. Et là elles la veillent toute la nuit jusqu'à l'aube. Puis près d'un autel elles vont solennellement l'inhumer, et le roi lui rend là de très grands honneurs.

270 L'empereur est rentré à Aix. Dans la cité devant le palais, Ganelon le traître est mis dans les chaînes de fer. À un pieu les serfs l'ont attaché, lui ont lié les mains avec des courroies en peau de cerf et le battent à grands coups de bâton et de trique. Il n'a point mérité qu'on lui fasse mieux ! À grande douleur il attend là son procès.

271 Il est écrit en l'ancienne Geste que Charles alors manda des justiciers de par plusieurs

royaumes. Ils sont nombreux à se rendre à Aix la Chapelle. Ce fut par un grand jour en une fête solennelle :
certains disent que c'était la Saint-Sylvestre. Dès lors
commence le procès et les plaidoiries de Ganelon qui fit
la trahison. L'empereur devant lui l'a fait traîner.

272 « Seigneurs barons, dit Charlemagne, jugez
du cas de Ganelon selon la justice ! Il est
venu en l'armée avec moi jusqu'en Espagne. Et là il me
perdit vingt mille de mes Français et mon neveu que
jamais plus je ne verrai, et Olivier le preux et le courtois.
Pour des richesses il a trahi les douze pairs. » Ganelon
dit : « Je serais bien sot de me taire : c'est Roland qui
d'abord m'a trahi dans mon or et ma richesse ! Voilà
pourquoi j'ai voulu sa mort et sa perte. Il n'y a pas là de
quoi m'accuser de trahison ! » Et les Francs de répondre :
« Nous en tiendrons conseil ! »

273 Devant le roi se tient Ganelon : sa taille est
robuste et son visage d'une belle couleur. Si
seulement il était loyal il ferait un bon vassal. Il voit ceux
de France et tous les justiciers et trente de ses parents qui
sont là devant lui. Il s'écrie à haute voix : « Pour l'amour
de Dieu ! écoutez-moi, barons ! Seigneurs, j'étais en l'armée avec l'empereur, je le servais en toute fidélité et en
toute amitié. Roland son neveu me prit en haine et jura ma
mort et mon supplice en me déléguant chez Marsile. Mais
je m'en suis sorti par ma propre façon. Je défiai alors
Roland le guerrier ainsi qu'Olivier et tous leurs compagnons. Charles l'entendit bien alors et avec lui tous ses
nobles barons. Je n'ai fait que venger, mais je n'ai point

trahi ! » Et les Francs de répondre : « Nous en tiendrons conseil ! »

274 Quand le procès commença Ganelon vit devant lui trente de ses parents : il en est un que tous les autres écoutent, c'est Pinabel du château de Sorence. Il sait bien parler et bien exprimer sa pensée. Ganelon lui dit : « J'ai confiance en vous, ami ! Sauvez-moi aujourd'hui de la mort et de la calomnie ! » Et Pinabel lui dit : « Bientôt vous serez acquitté. Il n'est pas un seul Français qui puisse vous condamner à la pendaison. Que l'empereur nous fasse combattre en corps à corps et je lui prouverai au fer de mon épée que vous êtes innocent ! » Et Ganelon le comte se prosterne à ses pieds.

275 Bavarois et Saxons sont entrés en conseil avec les Poitevins, les Normands et les Français ; il y a là aussi beaucoup d'Allemands et de Thiois, mais ceux d'Auvergne sont les plus courtois. À cause de Pinabel ils se montrent plus prudents. L'un dit à l'autre : « Restons-en là ! Laissons la plaidoirie et demandons au roi d'acquitter Ganelon pour cette fois-ci. Ganelon le servira en toute foi et en toute amitié. Roland est mort : jamais vous ne le reverrez. Tout l'or et toutes les richesses ne vous le rendront point ! Bien sot celui qui accepterait le combat pour une telle histoire ! » Il n'en est pas un seul qui ne se rende à cette idée et ne l'approuve, sauf Thiéry, le frère du seigneur Geoffroi.

276 Vers Charlemagne reviennent les barons et disent au roi : « Sire, nous vous prions de proclamer Ganelon le comte acquitté ! Qu'il se mette à votre service en toute foi et amitié. Laissez-le vivre : il est au fond brave homme. Roland, lui, est mort. Nous ne le reverrons jamais, et toutes les richesses ne vous le rendraient pas ! » À quoi le roi répond : « Vous êtes aussi des traîtres ! »

277 Quand Charlemagne s'aperçoit que tous lui ont failli, il en frémit de tous ses membres et de tout son regard. À la douleur qu'il a il se dit malheureux. Or voici venir devant lui le chevalier Thiéry, frère de Geoffroi le duc angevin. Il a le corps maigre, élancé et frêle, les cheveux noirs et le visage quelque peu brun. Il n'est ni trop grand ni trop petit. Avec courtoisie il dit à l'empereur : « Roi beau sire, ne vous désolez pas ainsi ! Vous savez que je vous ai bien servi par le passé. Selon la tradition de mes ancêtres je dois ici soutenir l'accusation. Quoique Roland ait pu méfaire envers Ganelon, il n'en était pas moins à votre service. Ganelon est félon pour l'avoir trahi. Il s'est parjuré et ose mentir devant vous ! En quoi, selon moi, il mérite la potence et la mort, et que son corps soit traité comme celui d'un vrai traître. Si l'un de ses parents voulait me contredire, je suis prêt à soutenir mon jugement par l'épée que j'ai ceinte à mon flanc. » Les Francs répondent : « Vous avez bien parlé ! »

278 Pinabel s'avance alors devant le roi. Il est grand et fort, vaillant et agile. Celui qu'il atteint de ses coups ne résiste guère. Il dit au roi : « Sire, ce procès est le vôtre ! Ordonnez qu'on y fasse moins de bruit ! Ici je vois Thiéry qui vient de rendre son jugement.

Je relève son défi, j'irai combattre contre lui ! » Il remet
dans la main droite du roi un gant en peau de cerf ; et
l'empereur lui dit : « J'exige de bons otages ! » Et trente
de ses parents s'y soumettent en toute loyauté. Le roi dit :
« C'est bon ! » Puis il les fait garder jusqu'à ce que justice
soit rendue.

279 Quand Thiéry voit qu'il devra se battre, il
remet lui aussi à Charles son gant droit. Et
c'est l'empereur lui-même qui répond pour lui. Il fait
alors porter sur la place quatre bancs où doivent s'asseoir
ceux qui combattront. Puis les adversaires engagent le
combat sous les yeux de tous ; c'est Ogier de Danemark
qui arbitre. Thiéry et Pinabel demandent alors qu'on leur
apporte leurs chevaux et leurs armes.

280 Comme ils entendent s'affronter en combat,
ils se confessent, reçoivent l'absolution et la
bénédiction, puis entendent la messe et y communient. Ils
laissent aux couvents de très riches offrandes. Et tous les
deux s'apprêtent devant Charles. Ils ont mis leurs éperons
à leurs pieds, revêtu des hauberts blancs, forts et légers,
puis ont fermé leurs heaumes clairs sur leur tête, après
quoi ils ceignent leurs épées aux pommeaux d'or pur et
pendent à leur cou des écus à quartiers. Dans leur main
droite ils tiennent leurs épieux tranchants, puis montent
sur leurs destriers agiles. Là cent mille chevaliers pleurent
de pitié pour Roland et pour Thiéry. Mais Dieu sait bien
comment la chose finira.

281 Autour d'Aix la prairie est très vaste : c'est là que les deux barons engageront la bataille. Ils sont vaillants et courageux, et leurs chevaux sont ardents et agiles. Ils les éperonnent bien, leur lâchent la bride et par grande vigueur vont se frapper l'un l'autre. Leurs écus se brisent et se fracassent, leurs hauberts se rompent et leurs sangles tombent en pièces, leurs montures se renversent et les selles s'écroulent contre terre. Cent mille chevaliers qui les voient là en pleurent.

282 Les deux chevaliers maintenant sont tombés par terre. Rapidement ils se redressent sur leurs pieds. Pinabel est fort, et alerte, et léger. L'un cherche l'autre. Ils n'ont plus leurs montures. De leurs épées aux pommeaux d'or pur ils frappent et taillent sur leurs heaumes d'acier. Grands sont les coups portés sur les hauberts, et fortement se démènent ces chevaliers français. « Ah, Dieu ! dit Charles, que justice soit faite ! »

283 Pinabel crie : « Thiéry ! repens-toi ! Je serai ton vassal en toute amitié et en toute foi ! Je te donnerai de mon avoir autant que tu voudras. Mais réconcilie d'abord Ganelon avec le roi. » Et Thiéry de répondre : « Jamais je n'en tiendrai compte ! Que je sois traître moi-même si je me rends jamais ! Que Dieu entre nous deux fasse éclater la justice ! »

284 Et Thiéry ajouta : « Pinabel, tu es très noble, et grand, et fort, ton corps est bien robuste. Tes pairs te reconnaissent un grand courage. Laisse donc là cette bataille ! J'irai te réconcilier auprès du roi Charles, mais quant à Ganelon, que justice soit faite et qu'il n'en soit plus jamais question ! » À quoi répond Pinabel : « Ne plaise à Dieu que je ne soutienne toute ma parenté ! Je ne veux me rendre pour aucun homme mortel ! Mieux vaut mourir que d'être réprouvé. » Puis de leurs épées ils se remettent à frapper sur leurs heaumes gemmés d'or. Contre le ciel en volent des étincelles toutes claires. On ne peut rien faire pour les séparer : le combat ne pourra s'achever que si l'un des deux trouve la mort.

285 Il est très courageux, Pinabel de Sorence. Il frappe Thiéry sur son heaume de Provence : des étincelles en jaillissent et enflamment l'herbe verte. La lame de son branc d'acier atteint Thiéry, lui fend le front et le visage : sa joue droite en est toute ensanglantée ; son haubert est déchiré jusque sous le ventre. Mais Dieu le protège, car la mort ne l'écrase point.

286 Thiéry voit bien qu'il est frappé au visage : le sang tout clair s'égoutte sur le pré d'herbe verte. Alors il court frapper Pinabel sur son heaume d'acier brun et jusque sous le nez le pourfend, si bien que du crâne la cervelle se répand. Il brandit de nouveau son épée et l'abat mort. À ce coup le combat est perdu. Les Francs s'écrient : « Dieu a fait éclater sa justice ! Il est clair maintenant que Ganelon doit être pendu et avec lui toute sa parenté, qui a plaidé en sa faveur ! »

287 Dès qu'il eut remporté la victoire, Thiéry s'avança devant Charles l'empereur, et avec lui quatre de ses barons, Naimes le duc, Ogier de Dane-mark, Geoffroi d'Anjou et Guillaume de Blaive. Le roi prend alors Thiéry par le bras, lui essuie le visage avec ses grandes peaux de martre, lui enlève son manteau et lui en passe un autre. Puis tendrement il désarme le chevalier. On le fait ensuite monter sur un mulet d'Arabie et on le ramène à grande joie et grande allégresse vers la cité d'Aix. Là on descend sur la place, et dès lors on met en œuvre l'exécution des coupables.

288 Charles alors fait venir et ses comtes et ses ducs : « Quel est votre avis au sujet des otages que j'ai retenus ? Ils n'étaient venus ici que pour assister au procès de Ganelon, mais ils ont dû se rendre en otages pour répondre de Pinabel. » Les Francs disent : « Pas un ne doit survivre ! » Le roi alors commande à l'un de ses huissiers, Basbrun : « Va et pends-les tous au bois de l'arbre maudit. Par cette barbe aux poils chenus, si un seul devait s'échapper, tu mourras toi aussi ! » Et Basbrun lui répond : « Qu'ai-je donc à faire d'autre ! » Puis à l'aide de cent sergents il mène les otages et les pend tous les trente. C'est ainsi que celui qui trahit perd aussi tous les autres avec lui.

289 Puis s'en retournèrent les Bavarois et les Allemands, les Poitevins, les Bretons et les Normands. Plus que tous les autres les Francs sont d'avis que Ganelon devra mourir d'un terrible supplice. On fait amener quatre destriers auxquels on l'attache par les pieds et par les mains. Les chevaux sont ardents et rapides. Quatre sergents les font courir vers un ruisseau qui coule au milieu du champ. Ganelon est soumis là à une horrible mort : tous ses nerfs se distordent et tous les membres de son corps se rompent : sur l'herbe verte se répand le sang clair. C'est ainsi que Ganelon est mort en traître et en lâche. Un homme qui trahit les autres n'a pas à s'en vanter.

290 Quand l'empereur se fut bien vengé, il fit mander ses évêques de France, ceux de Bavière et ceux d'Allemagne : « Il y a dans ma maison une noble captive. Elle a si bien écouté les sermons et les prêches qu'elle désire croire en Dieu et recevoir la chrétienté. Baptisez-la afin que Dieu ait son âme ! » Et les évêques répondent : « Que ce soit fait en présence de marraines. » Puis aux bains d'Aix il y eut de grandes cérémonies : c'est là que la reine d'Espagne reçut le baptême. On lui donna le nom de Julienne. Elle est devenue chrétienne de son plein gré et en toute connaissance de cause.

291 Quand l'empereur eut rendu sa justice, et que se fut apaisée sa terrible colère, il a fait Bramimonde chrétienne. Passe alors le jour, et la nuit descend. Le roi est couché en sa chambre voûtée quand saint Gabriel de la part de Dieu vient lui dire : « Charles, rassemble les armées de ton empire. En toute hâte rends-toi en la terre de Bire et va secourir Vivien le roi en sa cité d'Imphe que les païens ont assiégée. Les chrétiens là-bas te réclament et t'appellent. » Mais l'empereur voudrait bien ne pas y aller. « Dieu ! dit le roi, si misérable est ma vie ! » Ses yeux versent des larmes, et l'empereur tire sa barbe blanche.

Ici s'achève la Geste que Turold a célébrée.

Table des illustrations

CET OUVRAGE
COMPOSÉ EN TIMES CORPS DIX SUR DOUZE
A ÉTÉ ACHEVÉ D'IMPRIMER
LE VINGT-HUIT MAI MIL NEUF CENT QUATRE-VINGT-SEIZE
PAR LES TRAVAILLEURS ET TRAVAILLEUSES DES PRESSES DE
VEILLEUX IMPRESSION À DEMANDE
À BOUCHERVILLE
POUR LE COMPTE DE
LANCTÔT ÉDITEUR.

IMPRIMÉ AU QUÉBEC (CANADA)